"十四五"时期国家重点出版物出版专项规划项目（重大出版工程）

中国工程院重大咨询项目

实施乡村振兴战略重大问题研究丛书

第 四 卷

新型乡村建设战略与推进策略研究

中国工程院"新型乡村建设战略与推进策略研究"课题组

肖绪文　吴志强　杨贵庆　刘千伟　主编

科学出版社

北　京

内 容 简 介

本书是中国工程院重大咨询项目"实施乡村振兴战略重大问题研究"下设的第四课题"新型乡村建设战略与推进策略研究"的研究成果。书中主要分析了我国乡村建设绿色规划与设计、乡村建设绿色建造与施工、乡村能源高效利用与新能源开发、乡村人居环境治理等方面的现状,梳理总结了国外发达国家在乡村建设过程中的先进经验,据此研判了我国乡村建设的重大问题并分析了问题成因,提出了我国新型乡村建设的战略,包括愿景与目标、总体发展思路、重点工作与措施,在研究成果的基础上建议实施人文生态宜居工程,最后给出现阶段的政策建议并对课题组的调研工作进行了总结。

本书可供从事乡村建设的各级政府部门工作者、关心乡村建设的科研工作者,以及相关专业的研究生和本科生参考使用。

图书在版编目(CIP)数据

新型乡村建设战略与推进策略研究/肖绪文等主编. —北京:科学出版社,2023.3

(实施乡村振兴战略重大问题研究丛书. 第四卷)

"十四五"时期国家重点出版物出版专项规划项目(重大出版工程)

中国工程院重大咨询项目

ISBN 978-7-03-075043-3

Ⅰ.①新… Ⅱ.①肖… Ⅲ.①农村–社会主义建设–研究–中国 Ⅳ.①F320.3

中国国家版本馆 CIP 数据核字(2023)第 036886 号

责任编辑:马 俊 孙 青/责任校对:郑金红
责任印制:吴兆东/封面设计:无极书装

科 学 出 版 社 出版

北京东黄城根北街 16 号
邮政编码:100717
http://www.sciencep.com

北京建宏印刷有限公司 印刷

科学出版社发行 各地新华书店经销

*

2023 年 3 月第 一 版 开本:787×1092 1/16
2023 年 3 月第一次印刷 印张:10 1/2
字数:249 000
定价:148.00 元
(如有印装质量问题,我社负责调换)

实施乡村振兴战略重大问题研究丛书
编委会

"新型乡村建设战略与推进策略研究"
课题组成员名单

课题组长：肖绪文　中国建筑股份有限公司、同济大学，院士
课题副组长：吴志强　同济大学，院士

专题一　乡村建设绿色规划与设计研究

杨贵庆　同济大学，教授
刘千伟　上海市住房和城乡建设管理委员会，总工程师
颜文涛　同济大学，教授
袁　烽　同济大学，教授
管　伟　上海市住房和城乡建设管理委员会科学技术委员会
　　　　事务中心，主任
毕桂平　上海市住房和城乡建设管理委员会，原综合规划处
　　　　处长
王　青　上海市住房和城乡建设管理委员会，村镇处处长
陈　宁　上海市住房和城乡建设管理委员会，原节能处处长
徐　强　上海市建筑科学研究院，总工程师
栾　峰　同济大学，教授
张　立　同济大学，副教授
陈　晨　同济大学，副教授
程　遥　同济大学，副教授
肖　丽　上海市住房和城乡建设管理委员会科学技术委员会
　　　　事务中心，副主任
蔡立弘　上海市住房和城乡建设管理委员会科学技术委员
　　　　会事务中心，经济师

崔严慧　上海市住房和城乡建设管理委员会科学技术委员会事务中心，技术发展部副主任

李昕余　上海市住房和城乡建设管理委员会科学技术委员会事务中心，工程师

专题二　乡村建设绿色建造及绿色施工研究

张晓勇　中国建筑第八工程局有限公司，助理总经理/院长

杨晓冬　中国建筑第八工程局有限公司，高级经理

刘亚男　中国建筑第八工程局有限公司，业务经理

刘　萍　中国建筑第八工程局有限公司，业务经理

田　伟　中国建筑第八工程局有限公司，海外公司总工程师

葛　杰　中国建筑第八工程局有限公司，工程研究院副院长

专题三　乡村环境治理、能源高效利用与新能源开发技术研究

肖绪文　中国建筑股份有限公司、同济大学，院士，首席专家

吴文伶　中国建筑股份有限公司技术中心，高级工程师

刘　星　中国建筑土木建设有限公司，副总工程师

周　辉　中国建筑股份有限公司技术中心，研究中心副总经理

张旭乔　中国建筑股份有限公司技术中心，科技与项目管理部副经理

孙鹏程　北京中建工程顾问有限公司，总经理

卢海陆　中国建筑第七工程局有限公司，工程研究院副院长

冯建华　中国建筑股份有限公司技术中心，研究中心副总经理

耿冬青　中国建筑股份有限公司技术中心，研究中心副总经理

朱　彤　中国建筑股份有限公司技术中心，工程师

课题报告执笔组

刘　星　　中国建筑土木建设有限公司，副总工程师

宋代军　　上海同济城市规划设计研究院有限公司，高级工程师

王艺铮　　上海同济城市规划设计研究院有限公司，工程师

杨晓冬　　中国建筑第八工程局有限公司，高级经理

吴文伶　　中国建筑股份有限公司技术中心，高级工程师

朱　彤　　中国建筑股份有限公司技术中心，工程师

丛 书 序

实施乡村振兴战略并将其写入《中国共产党章程》，是党中央着眼于"两个一百年"奋斗目标导向和农业农村短腿短板的问题导向作出的重大战略安排，是实现国家现代化和中华民族伟大复兴的重要前提。在中国特色社会主义进入新时代、社会主要矛盾发生变化的背景下，必须全面总结乡村发展现状和实施乡村振兴战略面临的重大核心问题，充分梳理乡村振兴战略的国际经验教训，综合探索推进乡村振兴战略的科技需求和实施路径，系统设计落实乡村振兴战略的政策措施。

2018 年 3 月，中国农业发展战略研究院牵头，联合中国工程院、中国农业科学院、中国农业大学、华中农业大学、中国建筑集团股份有限公司、中国环境科学研究院、中国社会科学院、同济大学等多家机构的专家启动了"实施乡村振兴战略重大问题研究"重大咨询项目。项目由中国工程院院长周济院士，农业农村部副部长韩俊，中国工程院原副院长沈国舫院士，中国林业科学研究院张守攻院士，中国工程院原副院长赵宪庚院士，中国农业科学院党组书记陈萌山研究员，中国农业大学校长孙其信教授，国家发展和改革委员会宏观经济研究院马晓河研究员，科技部中国农村技术开发中心贾敬敦研究员担任顾问；由中国工程院党组书记、院长李晓红院士和副院长邓秀新院士，以及中国农业科学院院长唐华俊院士共同担任负责人。项目设置了加快农业农村现代化发展战略研究、科技创新支撑乡村振兴战略研究、城乡融合发展战略研究、新型乡村建设战略与推进策略研究、乡村振兴环境绿色发展战略研究等课题。

项目从产业兴旺、生态宜居、乡风文明、治理有效及生活富裕五个方面对乡村振兴现状进行总体评价；在针对当前到 2035 年实施乡村振兴战略进程中存在的加快农业农村现代化发展、科技创新支撑乡村振兴、城乡融合发展、新型乡村建设战略与推进策略、乡村振兴环境绿色发展、乡村治理发展战略研究等重大战略问题进行重点研究的基础上，借鉴国际经验教训和国内发展区域成功案例，提出解决乡村振兴战略过程中存在的重大问题的战略路径，设计出支撑乡村振兴战略落地的若干重大工程，提出重要政策建议，为中国顺利推进乡村振兴战略建言献策。

项目的实施为国家顺利推进乡村振兴战略提供了智力支撑。具体而言，项目认为应该坚持生产为基、生活为本、生态为先，实现农业农村的"三生三美"——生产美、产业强，生态美、环境优，生活美、农民富，全面提升农业农村的"六化三力"——标准化、绿色化、专业化、智能化、融合化、再工业化，让农村有活力、有吸引力、有竞争力，建设富裕、美丽、平等、文明的新乡村。在此基础上，项目提出了乡村振兴战略重点。一是促进"三个融合"，即促进"产城融合"、"产村融合"和"三产融合"。其中，促进"产城融合"要优化产业功能布局，促进"产村融合"要大力推动产业强村，促进"三产融合"要提升农业农村整体效益。二是健全"三个机制"，即健全城乡生产要素双向流动机制、农业农村投融资体制机制、乡村振兴的政府治理机制；其中，健全城乡生产要素双向流动机制要构建要素"上山下乡"新格局，健全农业农村投融资体制机制要构建政府引导多元参与的投资体系，健全乡村振兴的政府治理机制要提升乡村治理体系和治理能力现代化水平。三是实现"三个发展"，即农业高质量发展、农村绿色发展和农民创新发展；其中，农业高质量发展目的是全面提升农业质量效益和竞争力，实现质量变革、效率变革、动力变革，农村绿色发展目的是寻找乡村规划与建设、清洁能源供给、生态环境有效治理、高效公共服务的解决方案，农民创新发展目的是探索农业科技、教育、推广体系相结合的适合于农民创新发展的新模式，建立不同模式的创新型乡村示范点。

"实施乡村振兴战略重大问题研究丛书"是众多院士和多部门多学科专家、企业工程技术人员及政府管理者辛勤劳动和共同努力的结果，再次向他们表示衷心的感谢，特别感谢丛书顾问组的指导。

希望本丛书的出版，对深刻认识乡村振兴战略的重大意义，准确判断我国乡村振兴的发展水平，明确乡村振兴战略的发展愿景和重点方向等方面起到战略性的、积极的推动作用。

实施乡村振兴战略重大问题研究丛书

编委会

2022 年 5 月 9 日

前　　言

面对高质量发展的新要求以及绿色发展新理念，乡村建设必须顺应传统与现代的要求，既能传承传统文化，又能满足人民对美好生活的基本需求。实施乡村振兴战略，是解决人民日益增长的美好生活需要和不平衡不充分的发展之间矛盾的必然要求，是实现"两个一百年"奋斗目标的必然要求，是实现全体人民共同富裕的必然要求。

为了认真学习贯彻落实党的十九大提出的"实施乡村振兴战略"要求，中国工程院于 2018 年初启动了"实施乡村振兴战略重大问题研究"重大咨询项目。项目下设的"新型乡村建设战略与推进策略研究"课题由肖绪文院士任组长，分设"乡村建设绿色规划与设计研究""乡村建设绿色建造及绿色施工研究""乡村环境治理、能源高效利用与新能源开发技术研究"三个专题开展研究，有 10 余位院士、近 50 位专家参加了研究。经过两年多的努力，在深入分析和反复研讨的基础上，凝练形成了项目研究报告，在报告基础上整理、修订形成本书。

首先，本书系统梳理了我国乡村建设的现状，在绿色规划与设计方面从空间布局、乡村风貌、适用技术与人才培养等方面，在绿色建造与施工方面从农房建造整体质量、主要模式、管控体系等方面，在乡村能源高效利用与新能源开发以及人居环境治理等方面展开了调研。结果表明，我国乡村绿色规划设计已有良好基础。乡村总体规划覆盖率达到了 73.3%，乡村规划内容涵盖镇规划、乡规划、村庄规划、村庄布点规划等，村落特色建设已经成为乡村振兴事业的高度关注点。我国乡村居住条件持续改善，人均住宅面积不断提高，农房建筑总规模不断攀升，2016 年末村镇住宅面积达 256.1 亿 m^2，较 2008 年增幅 12.72%，农村人均住宅建筑面积由 1978 年的 8.1m^2 上升至 2016 年的 33.56m^2。我国乡村能源结构日趋合理，能源利用效率逐步提升，清洁能源利用逐步增加。同时，我国乡村建设也存在一些问题。我国地域广阔，乡村自然资源禀赋、经济水平、空间布局各不相同，乡村建设缺乏统筹和科学的顶层设计。大部分乡村的基础设施和共享设施建设水平亟待提高，自主建造模式导致质量不可控，抗震和热工等性能欠佳。乡村能源结构不合理，可再生能源利用较少。乡村污水和垃圾处理率低，乡村人居环境有待改善。

其次，本书在结合国外发达国家乡村建设先进经验的基础上，提出了我国乡村建设的发展战略。至 2035 年我国乡村建设的愿景与目标是通过乡村建设绿色规划与设计、绿色建造与施工、能源高效利用与新能源开发等措施，解决目前乡村风貌特色缺失、空间规划粗放、农房建造质量堪忧、人居环境亟待改善等问题，形成具有"净""绿""亮""美""文""富"特色的新型乡村；基本形成"多规合一"的城乡融合发展空间格局，"绿色"理念贯彻乡村农房建造全过程，实现城乡能源供给均等化，基本完成乡村环境治理工作。课题组提出了新型乡村建设总体发展思路、重点工作与保障措施，并建议实施人文生态宜居工程。此工程从县域、乡域、村域和建筑四个层面出发，着眼于基础设施、公共服务设施、生态修复与保护、农房、特色风貌等方面的建设，指出具体内容和措施，对我国新型乡村建设提供了有益参考。

最后，作者认为，面对高质量发展的新要求以及绿色发展新理念，乡村建设必须顺应传统与现代的要求，既能传承传统文化，又能满足人民对美好生活的基本需求。为快速、优质建设好美丽乡村，加速解决我国在乡村建设方面存在的突出问题，课题组提出如下具体建议：①推进人文生态宜居工程；②培育"赤脚建造师"人才队伍，让熟悉地方风土民情和建筑风格、掌握地方传统建造技能、通过必要的专业技术培训和考核的乡村工匠行使乡村农房建造的责任；③在县域范围内推广"菜单式"农房建造图集，提供多样化的农房布置方案、重要结构的构造做法以及水暖电的系统图等，为域内村民提供系列化、标准化的农房建造指导；④尽快开展新型农村社区规划建设工作，形成"产业经济、社会文化和空间环境"的"三位一体"。

作 者

2021 年 12 月

目　　录

第一章 绪　　论

随着城镇化进程的推进，我国城镇化率从 2001 年的 37.7%上升到 2019 年的 60.6%，如图 1-1 所示，19 年间接近 3.7 亿人进城，农村人口从 8 亿人减少到 5.5 亿人。据有关预测模型显示，预计 2035 年城镇化率达到 71%～73%，2018 年全国行政村数量约为 55 万个，预计到 2035 年，位于城市化廊道中的行政村演变为城镇社区的将约占 1/5；位于地质灾害等环境中的和自然消亡的将约占 1/5；还剩 3/5，约 33 万个行政村。约 30%的人口仍然生活在广大农村地区，乡村建设需求依然强烈。我国的现代化进程一定是一个全面和整体的进程，农业农村现代化是全面现代化的重要支撑和体现，同时也是全面现代化的薄弱环节和难点。

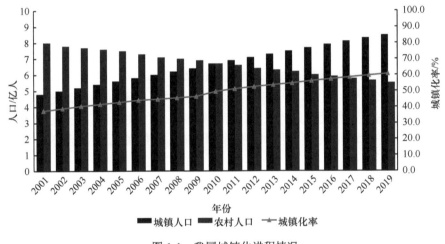

图 1-1　我国城镇化进程情况

"三农"问题一直是党和国家重点关注的领域，党的十八大指出，城乡发展一体化是解决我国"三农"问题的根本途径，必须坚持工业反哺农业、城市支持农村的基本方针，协调推进城镇化和新农村建设，加快形成以工促农、以城带乡、工农互惠、城乡一体的新型工农城乡关系，努力缩小城乡发展差距。

2017 年 10 月 18 日，党的十九大报告首次提出"乡村振兴战略"，提出为了解决全党工作的重中之重——"三农"问题，必须实施"乡村振兴战略"。

2017 年 12 月 29 日，中央农村工作会议首次提出走中国特色社会主义乡村振兴道路，让农业成为有奔头的产业，让农民成为有吸引力的职业，让农村成为安居乐业的美丽家园。

2018 年 1 月 2 日公布的 2018 年中央一号文件，即《中共中央 国务院关于实施乡村振兴战略的意见》中明确提出，当前，我国发展不平衡不充分问题在乡村最为突出，主要表现在：农产品阶段性供过于求和供给不足并存，农业供给质量亟待提高；农民适应生产力发展和市场竞争的能力不足，新型职业农民队伍建设亟须加强；农村基础设施和民生领域欠账较多，农村环境和生态问题比较突出，乡村发展整体水平亟待提升；国家支农体系相对薄弱，农村金融改革任务繁重，城乡之间要素合理流动机制亟待健全；农村基层党建存在薄弱环节，乡村治理体系和治理能力亟待强化。实施乡村振兴战略，是解决人民日益增长的美好生活需要和不平衡不充分的发展之间矛盾的必然要求，是实现"两个一百年"奋斗目标的必然要求，是实现全体人民共同富裕的必然要求。

2018年3月5日，国务院总理李克强在作政府工作报告时提出，大力实施乡村振兴战略。

2018年3月8日，习近平总书记参加全国两会山东代表团审议时指出，要深刻认识实施乡村振兴战略的重要性和必要性，扎扎实实把乡村振兴战略实施好。习近平总书记在讲话中提出乡村"五个振兴"的科学论断，即产业振兴、人才振兴、文化振兴、生态振兴、组织振兴。

2018年5月31日，中共中央政治局召开会议审议《乡村振兴战略规划（2018－2022年）》，分别明确至2020年全面建成小康社会和2022年召开党的二十大时的目标任务，细化实化工作重点和政策措施，部署重大工程、重大计划、重大行动，确保乡村振兴战略落实落地。

2018年8月27日，习近平总书记作出重要指示，强调要把实施乡村振兴战略摆在优先位置，坚持五级书记抓乡村振兴，让乡村振兴成为全党全社会的共同行动，为做好乡村振兴各项工作进一步指明了方向、提供了遵循。

2018年9月28日，在中共中央政治局集体学习中，习近平总书记强调，协调推进脱贫攻坚与乡村振兴，要处理好"长期目标和短期目标的关系""顶层设计和基层探索的关系""充分发挥市场决定性作用和更好发挥政府作用的关系""增强群众获得感和适应发展阶段的关系"。

2018年12月28～29日，中央农村工作会议召开，会议指出，要深入实施乡村振兴战略，全面深化农村改革，切实落实强农惠农富农各项政策，着力改善农村基础设施和公共服务，保护和调动亿万农民的积极性、创造性，扎实推进农业农村现代化。

2019年中央一号文件强调做好"三农"工作的重要性，明确今明两年"三农"工作必须完成的硬任务，细化农业农村优先发展的政策安排。

2019年3月，在全国两会上，习近平总书记提出要以"六要"推进乡村振兴战略，"要扛稳粮食安全这个重任""要推进农业供给侧结构性改革""要树牢绿色发展理念""要补齐农村基础设施这个短板""要夯实乡村治理这个根基""要用好深化改革这个法宝"。

2019年6月1日，《求是》杂志发表习近平总书记的重要文章《把乡村振兴战略作为新时代"三农"工作总抓手》，文章强调，乡村振兴战略是党的十九大提出的一项重大战略，是关系全面建设社会主义现代化国家的全局性、历史性任务，是新时代"三农"工作的总抓手。

2020年3月6日，习近平总书记在召开的决战决胜脱贫攻坚座谈会上要求，"接续推进全面脱贫与乡村振兴有效衔接"，只有全面振兴才能巩固脱贫成果，形成解决相对贫困长效机制的制度框架。

回顾"乡村振兴战略"从提出到实施过程可以看出，实施乡村振兴战略，在党的十九大报告中正式提出，是决胜全面建成小康社会、全面建设社会主义现代化国家的重大历史任务，是新时代做好"三农"工作的总抓手，以产业兴旺、生态宜居、乡风文明、治理有效、生活富裕为总要求。乡村振兴是建设现代化经济体系的重要基础，是建设美丽中国的关键举措，是健全现代社会治理格局的固本之策，是实现全体人民共同富裕的必然选择。实施乡村振兴战略，并史无前例地把这个战略写入了党章，这是针对"两个一百年"奋斗目标导向和农业农村短腿短板问题导向作出的重大战略安排，是实现国家现代化和中华民族伟大复兴的前提。

在此背景下，中国工程院确立了"实施乡村振兴战略重大问题研究"的项目，项目在加快农业农村现代化发展、科技创新支撑乡村振兴、城乡融合发展、新型乡村建设战略与推进策略、乡村振兴绿色环境发展等重大战略问题研究的基础上，借鉴国际经验和国内成功案例，提出实施乡村振兴战略的路径，以及支撑乡村振兴战略落地的若干重大工程、若干重要政策建议，为国家顺利推进乡村振兴战略提供智力支撑。"新型乡村建设战略与推进策略研究"是该项目的课题之一。乡村建设是乡村振兴的物质基础和重要载体，通过乡村建设绿色规划设计、乡村建设绿色建造与施工、乡村能源高效利用与新能源开发等方面的研究，探索乡村建设发展路径，探讨中国新型乡村建设的核心战略与推进策略，推进绿色生态、特色鲜明、资源利用高效、文化印迹突出、规划布局合理的新型乡村建设，为乡村振兴奠定基础。

第一节 新型乡村建设的经济基础

随着我国经济由高速增长阶段转向高质量发展阶段，以及工业化、城镇化、信息化深入推进，乡村发展将处于大变革、大转型的关键时期。我国城镇化率从改革开放初期的 20%左右上升到 2018 年的 59.58%。1978～2018 年，国内生产总值和财政收入，城镇占全国的比例分别约从 30%跃升到 80%、从 20%跃升到 80%。城市经济 40 年长期高增长，增长率达到年均 9.5%。虽然我国城镇化进入快速发展与质量提升的新阶段，城市辐射带动农村的能力进一步增强，但大量农民仍然生活在农村的国情不会改变，因此我国迫切需要重塑城乡关系。

据国家统计局发布的《中华人民共和国 2019 年国民经济和社会发展统计公报》（以下简称《公报》）显示，2019 年全年全国居民人均可支配收入 25 974 元，同比增长 9.0%，扣除价格因素，实际增长 7.3%。全国居民人均可支配收入中位数 22 408 元，增长 7.3%。按常住地分，城镇居民人均可支配收入 36 396 元，比上年增长 8.3%，扣除价格因素，实际增长 6.5%。城镇居民人均可支配收入中位数 33 834 元，增长 7.2%。农村居民人均可支配收入 13 432 元，比上年增长 8.6%，扣除价格因素，实际增长 7.3%。农村居民人均可支配收入中位数 11 969 元，增长 7.4%。全国居民人均消费支出 18 322 元，比上年增长 7.1%，扣除价格因素，实际增长 5.4%。按常住地分，城镇居民人均消费支出 24 445元，增长 5.9%，扣除价格因素，实际增长 4.1%；农村居民人均消费支出 10 955 元，增长 8.1%，扣除价格因素，实际增长 6.8%。恩格尔系数为 29.3%，比上年下降 0.8 个百分点，其中城镇为 28.6%，农村为 31.2%。《公报》强调，按照每人每年 2300 元（2019 年不变价）的农村贫困标准计算，2019 年末农村贫困人口 3046 万人，比上年末减少 1289万人；贫困发生率 3.1%，比上年下降 1.4 个百分点。贫困地区农村居民人均可支配收入

9377 元，比上年增长 10.5%，扣除价格因素，实际增长 9.1%。从表 1-1 可以看出，改革开放以来，城乡居民收入差距经历了增大又缩小的过程。

表 1-1　历年城乡居民家庭人均收入情况（1978～2018 年）

年份	城镇居民家庭		农村居民家庭		城乡居民收入比
	人均可支配收入/元	比上年实际/%	人均可支配收入/元	比上年实际/%	
1978	332	—	165	—	2.01
1980	488	—	219	3.3	2.23
1981	523	5.4	286	29.0	1.83
1982	530	−0.6	346	20.4	1.53
1983	551	1.2	359	2.3	1.53
1984	669	17.1	446	23.5	1.50
1985	904	17.4	549	12.5	1.65
1986	1 104	14.9	609	5.0	1.81
1987	1 228	0.3	725	13.6	1.69
1988	1 589	4.9	902	8.1	1.76
1989	1 797	−3.2	1 011	−2.6	1.78
1990	1 932	5.3	1 099	2.7	1.76
1991	2 143	5.0	1 211	8.9	1.77
1992	2 619	11.9	1 359	8.8	1.93
1993	3 626	14.0	1 746	10.2	2.08
1994	5 066	12.0	2 225	4.1	2.28
1995	6 221	5.0	2 966	5.3	2.10
1996	6 956	1.8	3 463	6.1	2.01
1997	7 359	1.6	3 684	3.8	2.00
1998	7 837	5.3	3 815	4.7	2.05
1999	8 428	8.0	3 948	5.6	2.13
2000	9 279	9.1	4 254	7.8	2.18
2001	10 465	13.3	4 582	6.9	2.28
2002	11 716	13.4	4 940	8.4	2.37
2003	13 180	11.9	5 431	7.8	2.43
2004	14 546	7.4	6 096	7.4	2.39
2005	16 294	10.4	6 660	6.4	2.45
2006	18 265	10.9	7 335	9.3	2.49
2007	20 574	8.4	8 265	8.2	2.49
2008	22 727	5.4	9 258	6.2	2.45
2009	24 611	9.7	10 007	9.5	2.46
2010	27 359	6.9	11 303	8.6	2.42
2011	30 971	7.5	13 071	9.5	2.37
2012	34 550	9.2	14 552	8.8	2.37
2013	37 080	7.1	17 494	8.1	2.12
2014	40 393	6.8	19 373	8.3	2.09
2015	43 714	6.7	21 125	7.5	2.07
2016	47 237	6.0	22 866	6.3	2.07
2017	51 261	6.3	24 956	7.0	2.05
2018	55 574	6.0	27 302	7.0	2.04

注：—表示无此数据。

近年来我国城乡居民收入差距不断缩小，但是受农村产权制度不健全等多种因素影响，城乡居民财产差距近年来有扩大趋势，农民财产性收入无论是绝对数量还是增长速度都远低于城镇居民。广东省社会科学院陈再齐指出："由于财产在个人收入及资产中的占比越来越高，未来将形成新的贫富不平衡。"北京师范大学中国收入分配研究院执行院长李实等认为，城乡居民财产及财产性收入差距的扩大，还将进一步推动总体收入差距拉大，从而大大增加今后对收入差距的调节难度。

政府公共财政资金的投入力度仍不足，农村基础设施建设不平衡，整体推进难度大。农村基础设施建设投入资金量大、周期长、公共性突出。由于中央财政投入不足，县级财政收入因农业税取消而缩水，农民自身收入低，以及农村经济发展水平制约等原因，新农村基础设施建设的资金来源出现巨大缺口。

第二节　新型乡村建设的农村基础

农村基础设施是重要的农村基础。按照服务性质划分，农村基础设施可以分为生产性基础设施、生活性基础设施、人文性基础设施以及流通性基础设施四大类。生产性基础设施主要包括防洪涝设备、水利灌溉、田间道路、气象设施、农业机械设备等为农业生产服务的设施或设备，是为农村增加物质资本、提高生产力服务的设施。生活性基础设施主要包括农村电网、垃圾处理厂、污水处理设施、人畜饮水设施、供热燃气设施等，是为广大农村居民生活提供服务的设施。人文性基础设施则是用于提高农民素质、丰富农民生活的公益设施，如教育、医疗、文化娱乐等设施。而流通性基础设施主要包括农村道路、农村通信和用于农产品销售及农村生产资料购买的流通辅助设施。

第三次全国农业普查结果显示，2016 年末，全国通公路的村（包括村委会和涉农居委会）占全部村的比例是 99.3%，与第二次全国农业普查相比，提高 3.8 个百分点。村内道路为水泥路面占比由 2006 年末的不足 30% 上升到 2016 年的高于 80%，提高 50 多个百分点；越来越多的农村道路安装了路灯，农村交通条件改善，农村实现了与外界互联互通，农民出行更加便捷，这些为乡村发展奠定了重要物质基础。

根据《中国建筑节能年度发展研究报告 2016》，目前我国 31 个省（自治区、直辖市）每年乡村生活用能总量约为 3.27 亿 tce（tce 为"吨标准煤当量"），包括了用于供暖、炊事（含生活热水）、空调、生活用电（包括照明和各类家电）的能耗，统计的能源种类包括煤炭（散装煤、蜂窝煤）、液化石油气、电力等商品能，以及以木柴和秸秆为主的非商品能。其中电力按照当年火力发电煤耗计算法折合为"千克标准煤"，其他各类能源都根据燃料的平均低位发热量进行折算。乡村建筑用能中商品能煤炭为 1.97 亿 t（折合 1.41 亿 tce）、液化石油气 831 万 t（折合 0.14 亿 tce）、电 2140 亿 kW·h（折合 0.7 亿 tce），非商品能生物质（包括木柴和秸秆）总量为 1.81 亿 t（折合 1.03 亿 tce）。除了照明灯具用能外，乡村家庭中的其他家电成为生活用电的主体。目前全国乡村家电每年消耗的电量约为 2045 亿 kW·h，户均全年用电量约为 1200kW·h，其中用于夏季降温的空调和电扇的耗电量约占 1/4，其他家电用电量约为 3/4。造成乡村生活用电量攀升的原因来自于两个方面：一是乡村近几年各类家用电器越来越普及，耗电设备越来越多；二是随着乡村生活水平的提高和人们消费观念的转变，农户对一些家用电器的使用频率和时间都有所增加。

第三次全国农业普查结果表明，2016 年末，91.3% 的乡镇集中或部分集中供水，90.8% 的乡镇生活垃圾集中处理或部分集中处理。73.9% 的村生活垃圾集中处理或部分集中处理，17.4%的村生活污水集中处理或部分集中处理，53.5%的村完成或部分完成厕所改造。改革创新乡村规划机制，提高乡村规划的科学性、覆盖率和实用性将使传统村落和传统建筑得到有效保护。2019年全国已有4153个有重要保护价值的村落列入中国传统村落名录，实现村村建立档案、编制保护规划，越来越多的融自然、休闲、文化、旅游、养老于一体的美丽村镇正在建设中。农村环境整治取得一定成效，美丽宜居乡村建设稳步推进。

改革开放以来，我国农村基础设施建设虽然取得了长足进步，但仍存在与经济发展水平不相适应、缺乏统筹规划、布局不合理等突出问题。一是乡村道路建设质量较差。贫困地区通达、通畅任务仍然艰巨，经济欠发达或刚脱贫地区道路网化任务也很重。更为重要的是，道路养护和管理任务重。二是农村电网设备差且用电成本高。农村电网设备陈旧落后，大多已经严重老化、耗能高、性能差，还存在安全隐患。三是农村集中式供水比例仍然很低。虽然当前我国农村人畜饮水环境得到了很大改善，但农村自来水普及率仍然相对较低。这些问题都制约着农村经济的发展。

这些都构成了乡村振兴中乡村建设的基础，可以看到乡村建设刚刚开始展开新布局，但仍存在诸多问题。本书聚焦乡村建设的问题，从乡村建设绿色规划设计、乡村建设绿色建造与施工、乡村能源高效利用与新能源开发以及乡村人居环境治理等方面出发展开分析，旨在提出新型乡村建设战略与推进策略。

第三节　新型乡村建设的研究任务与方法

本研究通过实地调研、文献调研、问卷调研及案例分析等方法，针对乡村建设绿色规划与设计、乡村建设绿色建造与施工以及乡村能源高效利用与新能源开发等方面开展研究工作。具体的研究任务分为三部分：①乡村建设绿色规划与设计研究；②乡村建设绿色建造及绿色施工研究；③乡村能源高效利用、新能源开发及人居环境治理研究。具体研究实施路径如图1-2所示。

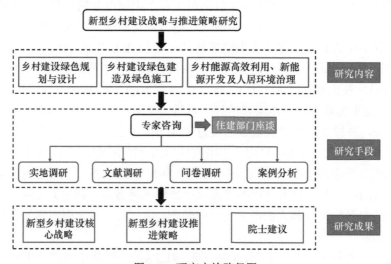

图1-2　研究实施路径图

第二章　国内乡村建设现状

第一节　乡村建设概述

乡村建设是指在乡村广大区域中进行的为生产和生活服务的各项建筑建设活动。建筑不仅仅是农民生产和生活的场所，更是乡村文化符号的载体。传统民居的建筑风格是古人适应环境和气候的一种智慧体现，同时也是记录文明的另一种符号。然而由于乡村建设缺乏有效的规划，一些传统民居正在遭到破坏或消失。同时新建的农房由于是农民自建，一直以来都没有纳入住建部门的验收范围，建造缺乏管控，质量无法保证，抵御灾害的能力较弱。随着人类进入工业社会，物质产品种类激增，人们在享受工业产品带来的便利的同时，也产生了大量的垃圾和污水，乡村生态环境正遭受着前所未有的威胁。长期以来，能源主要服务于工业和城市，导致农村地区缺乏商品性能源服务，农民主要使用非商品性能源，如秸秆、薪柴等，这些能源不仅利用率低而且其使用会给农村生态环境带来严重的破坏。面对乡村建设存在的问题，本章从乡村建设绿色规划与设计、乡村建设绿色建造与施工、乡村能源利用和环境治理等方面对国内的现状进行研究，探究乡村建设的问题及其原因，为"2035年乡村振兴战略"的推进提供有力支撑。

第二节　乡村建设绿色规划与设计现状

目前我国常住人口的城镇化率已经接近60%，但仍有40%的人口居住、生活在农村。2017年，我国乡镇数量为10 314个，有总体规划的乡镇个数为7558个，占比为73%。

党的十九大报告再次明确"创新是引领发展的第一动力，是建设现代化经济体系的战略支撑"，清晰地勾勒出了中国乡村未来发展的美好愿景：产业兴旺、生态宜居、乡风文明、治理有效、生活富裕。但是，必须清醒认识的是，当前我国科技创新和支撑乡村振兴战略与推进农业农村现代化实际需求差距还很大。研究重点应立足乡村振兴战略需求，针对农业科技创新资源整合不足、农业科技创新动力不足、科技成果转化应用滞后等重大问题，系统开展科技创新支撑乡村振兴战略研究，为新时代农业农村科技创新工作提供战略决策，为国家科学制定乡村振兴规划及全国乡村振兴战略的实施提供正确有效的基础支撑。近年来，全国各地涌现出一系列乡村建设规划设计理论研究和成功实践的经验，如系列专著《乡村中国》《农村社区》《黄岩实践》《乌岩古村》等（图2-1）。

其中《乡村中国》根据村落地形、建筑气候区划和省份行政区划等因素，结合经济发展状况和村庄分布密度，选取了19个农村典型居住区空间样本，以实地调查的方式，对其社会属性、经济属性、文化属性、空间属性以及村民满意度进行调研分析，为我国农村居住区规划建设、农村社区规划标准制定及城乡统筹、区域协调发展提供重要参考。

《农村社区》是"十一五"国家科技支撑课题"村、乡、农村社区规划标准研究"的成果，内容包括当今欧美发达国家农村社区发展政策与法规研究，以及东亚村落建设研究；还包括我国农村各类规划标准比较与农村社区规划标准建构，我国农村社区村民评价与意愿调查分析，我国农村社区合理规模与居住密度的研究，农村社区规划标准的重点思考，我国农村社区规划基础数据采集、分析与数据库建设，农村社区用地规划图样类型划分与图例研究，以及农村社区用地优化配置图样类型与案例。书中采用实际调研案例及相关图表分析来说明问题，内容详尽，通俗易懂。该书对建筑设计、城乡规划、风景园林设计等领域的专业人员具有一定指导和启发作用，同时也可作为相关人员的必备参考书。

《黄岩实践》是"十一五"国家科技支撑课题"村、乡、农村社区规划标准研究"和"农村住区规划技术研究"的后续研究和实践成果。上篇从建构美丽乡村规划建设理论的角度出发，提出了适合环境、适用技术、适宜人居的"三适原则"，产业经济、社会文化和空间环境"三位一体"指导思想，以及乡域、村域和村庄建设"三个层面"的认识框架；中篇基于浙江省台州市黄岩区美丽乡村规划建设的大量实践，选取了七个不同类型的村庄案例，诠释具有针对性的规划建设策略。下篇对黄岩区屿头乡沙滩村美丽乡村建设全过程进行了生动展示和分析。

《乌岩古村》是关于历史文化村落保护和再生的理论思考、规划设计和建造实践。理论篇阐述了我国历史文化村落再生的历史必然性、村落整体性特征及其社会学意义，探讨了再生的内在活力与外部环境，并指出当前再生实践应避免的误区。规划篇以浙江省台州市黄岩区宁溪镇乌岩古村为案例，介绍了再生规划主题探索和规划方案。实践篇列举了乌岩古村 11 处再生改造建设范式，对其规划建设全过程进行了具体分析和生动展示。

图 2-1　国内典型乡村建设规划设计理论研究

此外，《黄岩报告：乡村振兴工作法》也是新时代乡村绿色规划设计建设实践的系统总结。提出文化定桩、点穴启动、柔性规划、细化确权、功能注入、适用技术、培训跟进、党建固基、城乡共享、话语构建"十法"。其中文化定桩法包括，寻找到村民的文化认同点（物质文化遗产、非物质文化遗产、祖庙、祠堂、风俗、手艺等）；结合当地风情习俗，修复、重建或新建当地村民认同的文化传承点；规划建设不同层次的文化设施，建设文化礼堂，导入先进文化与时代道德风尚。点穴启动法包括，先建一个干净、整洁、实用的公共厕所，这是至关重要的；建设村庄公用平台，增强农民集体意识，建设民宿、农家乐是为农民提供效益样本，乡村建设尽量避免"大拆大建"。柔性规划法包括，建立"在地规划工作室"；深入了解当地的文化风俗与空间机制；坚持整体规划思想，动态调整规划细节；让当地村民参与建设施工，不断磨合共识。细化确权法包括，推进与保障农村产权的长期稳定；所有权、使用权、经营权、分红权、监督权界定清晰；"整体公益性"和"细胞市场化"有机结合；严格财务公开，查处基层腐败。功能注入法包括，修复和激活乡村的文化功能，推动文化传承；给乡村注入现代化的宜居功能；因地制宜培育多样化的产业功能；不搞低质"农家乐"和"乡村旅游"。适用技术法包括，吸收乡村智慧，注重就地取材；提供"宜居"的系统化技术方案；研发或引入适合农村的技术产品；编制"菜单式"技术应用与管控标准。培训跟进法包括，形成新时代乡村振兴理论体系；推出丰富、实用的乡村振兴培训教材；注重全球新科技在乡村振兴中的转化应用。党建固基法包括，"三级书记一个群"，形成扁平化工作模型；构建推进乡村振兴的"共识机制"；自治、法治、德治结合，营造乡村治理的"正能量界面"；层层压实和巩固党在农村的执政之基。城乡共享法包括，推进美丽乡村建设、缩小城乡差别；在城乡一体化框架内推进资源要素配置；以"互联网+"为依托培育新兴业态和新型就业；创新城乡共享的公共政策。话语构建法包括，挖掘中国乡村的社会文化价值，增强农民文化自信；推出乡村振兴主题的全球学术与技术交流；加强理论研究，增强中国乡村发展自信；在全球比较中找寻中国乡村振兴的话语权。

一、乡村空间布局

本书作者近年来与住房和城乡建设部合作较多，向他们提供了多份咨询报告，积累了较丰富的宏观和微观数据，包括住房和城乡建设部全国农村人居环境监测数据（60万个行政村）、住房和城乡建设全国村镇建设统计资料报表（乡镇精度的行政村数据）、住房和城乡建设全国村镇建设统计资料报表（含镇区的乡镇层面数据）、13个省480个村的田野调查数据、7个省13个村的数据和其他数据资料（中国县域统计年鉴、中国建制镇统计年鉴和中国农村统计年鉴等资料）。

（一）划分框架

本书中480个调研村的空间布局划分框架如表2-1所示。

表2-1　480个调研村的属性分布情况　　　　　　（单位：个）

区位（四大分区）	东部	中部	西部	东北		总量
	126	28	268	58		480
地形因素	山区村	丘陵村	平原村	山区平原村		
	113	112	183	72		480
区域发达城度	发达	中等	欠发达	落后		
	119	144	124	93		480
村庄发达程度	发达	中等	欠发达	落后		
	92	175	111	102		480
农业类型和非农产业类型	种植业	林业	畜牧业	渔业	其他	
	402	11	24	24	19	480
	工业	商贸	专业服务	旅游	其他	
	65	24	36	57	23	205

续表

主要民族	少数民族（分民族记录的）		汉族		
	109		371		480
历史文化	列入中国传统村落名录	省市县级历史文化名村	一般传统村落	非传统村落	
	18	12	74	376	480
人口流动	人口流入村	人口流动平衡村	人口外出村		
	15	122	343		480
城乡区位	城郊村	近郊村	远郊村	偏远地区	
	112	162	149	57	480
村庄规模	大村（≥500户）	较大村（<500户，≥200户）	中等村（<200户，≥100户）	小村（<100户）	
	45	258	159	18	480
居民点类型	集中居住	混合型居住	散点居住	难以界定	
	78	269	125	8	480

（二）样本支撑

本书中 480 个调研村调研样本的基本情况如表 2-2 所示。

表 2-2　480 个调研村的调研样本情况　　　　　　　　（单位：个）

省份	地市数	县（区）数	镇（乡）数	村庄数	农户样本	家庭成员样本
青海省	5	11	33	41	364	1 473
广东省	4	7	11	30	537	2 078
辽宁省	4	4	15	58	624	2 326
山东省	5	5	16	30	555	1 859
贵州省	5	7	9	11	63	236
上海市	—	5	5	27	489	1 562
陕西省	7	7	39	48	797	3 202
江苏省	5	6	24	39	776	2 846
湖北省	5	4	18	50	702	3 894
云南省	5	9	16	43	544	2 854
安徽省	5	5	25	28	863	1 891
四川省	4	5	11	46	970	3 399
内蒙古自治区	4	10	12	29	294	973
总计	58	85	234	480	7578	28 593

（三）我国乡村空间布局类型多样

自然地理对乡村空间影响巨大。例如，华北平原（山东）：大而集中，村落整齐划一（图 2-2）；丘陵地带（湘江流域）：小而分散，随地形而变化（图 2-3）。

图 2-2　华北平原村庄分布

彩图请见封底"本书更多信息请扫码",扫码后点击"多媒体"查阅。其余同类彩图同

图 2-3　西南丘陵地区村庄分布

文化对乡村空间也有重要影响。北方平原,分裂结构,一个村中多个小宗族结构;而南方丘陵地区聚族而居,村庄与宗族同构;长江流域,缺少强有力的血缘性行动结构。

（四）不同类型乡村的不同实践需求

以东部地区乡村为例,存在以下不同类型的乡村和不同的实践需求。

1）特色保护类,以德清县莫干山镇劳岭村和安吉县天荒坪镇余村为代表,是典型的以乡村旅游为产业特色的特色保护类村庄。这类村庄处于东部发达地区,本地政府有较强的财政能力,村庄综合环境整治较好,农村住房建设水平较高。但在环境管制升级的背景下,旅游类乡村大多位于生态红线范围内,进一步的建设发展需要进行有针对性的管控。

2）集聚提升类：以天津市崔庄村为例，村民集中上楼以后，整体建设风貌已经完全城市化。许多东部乡村也面临这样的问题，如何在农村社区化的过程中保留乡村传统风貌是重要研究命题。

3）城郊融合类：以天津市北辰区东堤头村为例，发展的动力来自较高的土地价值、多元的产业和就业机会、外来人口集聚、强烈的城乡互动，这些同时也是引起矛盾的根本原因。土地高度混杂，环境污染严重，人居环境品质差、风貌不佳，重大市政设施建设带来拆迁移民，情况比较复杂。在城乡二元体制下，怎么提升村庄的教育、医疗卫生、养老、文化体育水平，也是重要问题。

4）拆迁撤并类：以天津市乐善庄村为例，位于七里河湿地保护区核心区，这个曾经的生态文明示范村，在环境政策升级的背景下，被拆迁只是时间问题，在这个等待的过程中，相关政策无法落地使得乡村发展面临停滞，未来的发展也面临着较大的不确定性。乐善庄村村民集中上楼过程中，宅基地、承包地、集体分红等如何转化为公寓楼、就业岗位、失地/养老保险等，还需要明确的政策安排。

（五）不同公共服务设施和基础设施需求的紧迫程度不一

调研表明，公共服务设施需求前2位是文化娱乐设施、体育设施和场地；基础设施需求前2位是道路交通、环卫设施（图2-4）。

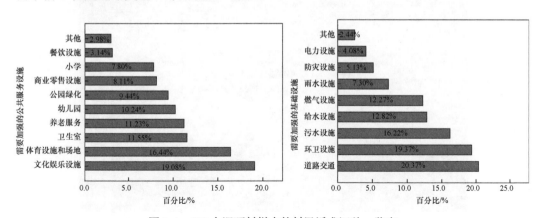

图2-4　480个调研村样本的村民诉求汇总一览表

二、乡村风貌

乡村风貌是乡村的风格与面貌，是长期以来人地关系、生产生活方式、技术水平以及文化风土等非物质特征的空间体现，其实质是长期以来乡村生产生活方式、技术水平以及风土人情等非物质特征的物质载体。

（一）我国乡村有丰富多样的传统风貌

在漫长的农业文明时代，农业生产力水平持续低下，决定了自给自足的小农经济生产关系的产生，以及传统农耕社会的封闭性和稳定性，形成了不同区域、类型、各具地方特色的村庄风貌。

（二）我国部分乡村风貌特色亟待提升

一方面传统建造工艺的失传导致传统村落风貌逐渐消失；另一方面，由于缺乏风貌控制和监管，传统乡村建筑逐渐被欧式等风格建筑取代，各家又相互抄袭、盲目攀比，导致建筑样式杂乱无序，成为美丽乡村建设的阻碍。

（三）我国乡村风貌研究已有较好基础

形成了一些具有代表性的技术规范和导则，如《重庆市村镇风貌设计导则（试行）》《浙江省村庄设计导则》《黄岩区长潭湖地区村庄建设风貌设计技术导则》《上海市郊野乡村风貌规划设计和建设导则》等，这些规范和导则的要求和指导，是为了让居民"望得见山、看得见水、记得住乡愁"。

（四）乡村风貌建设有较好的民意基础

从区域层面来看，以浙江省黄岩区长潭湖地区为例，其乡村风貌特征如下。

1. 环境优美

长潭湖地区环境优美，主要的环境要素包括湖区、山林、农田等，它们共同形成长潭湖地区村庄建设风貌的环境。长潭湖地区以湖水、小岛、山林为特色，山清水秀，风光秀美，景色宜人，山林层叠，植被丰富，农田风光也构成一道亮丽的风景（图2-5），自然村庄类型丰富。从所处的环境来看，长潭湖地区自然村庄建成风貌形成三种类型，分别是湖畔人居、半山人居和山间人居。其中，湖畔人居位于环长潭湖地区，大小相间，疏密有致，面向湖面，背靠青山，是长潭湖地区乡村风貌的重要组成部分。半山人居依山而建，顺应地势，层层叠叠，与环境融为一体。山间人居利用山间平地，形成聚落。从形态来看，长潭湖地区的乡村村落存在3种类型，分别是点状村落、线状村落和面状村落。点状村落以村舍为主，相对独立的村舍处于广阔的农业、山林环境中。线状村落的布局沿道路、水系等要素线性展开。面状村落主要围绕主体街巷空间展开（图2-6）。

湖光山色　　　　　　　　　山林风光

农田风光　　　　　　　　　采摘农业

图2-5　长潭湖地区村庄建设风貌典型环境图

滨水村庄(湖畔人居)
环长潭湖的村落，面朝湖面，背靠青山

坡地村庄(半山人居)
依山而建，层层叠叠

平地村庄(山间人居)
利用山间平地，形成聚落

点状村舍
村舍处于广阔的环境中

线状村落(大溪坑村)
村落沿道路水系等线性展开

面状村落
村落围绕主体街巷空间展开

图 2-6　长潭湖地区自然村庄典型类型图

2. 地方建筑特色突出

　　长潭湖地区地方建筑形式多样，具有代表性的包括木构、石砌、砖砌建筑，以及它们的混合运用。这些建筑就地取材，运用传统工艺，与周边环境融为一体，形成了一系列地方传统样式，它们都是当地的宝贵财富，是村庄建成风貌最重要的载体。这些地方传统样式包括屋顶、墙体、门窗、栏杆、铺地等（图 2-7）。

图 2-7 长潭湖地区典型地方建筑类型与要素图

形成过程。通过对长潭湖地区五乡两镇村庄建设风貌现状的调研走访以及较为全面、细致的分析研究发现，长潭湖地区村庄建设风貌特色形成过程的时间阶段可以大致划分为中华人民共和国成立前、计划经济时期和改革开放以来三个阶段。

1）中华人民共和国成立前（1949 年以前）的风貌特色。中华人民共和国成立前长潭湖地区村庄建设风貌以传统特色为主。整体营建特征：建筑群落布局、选址体现了对自然的尊重，顺应山水地势，形成枕山、临水等多种空间格局。同时，村落空间多以祠、庙为核心，通过村内的主体街巷组织村庄整体空间结构。单体建筑特征：建筑形式多为典型的浙东山地建筑，表现为坡屋顶硬山墙，建筑前后出檐。建筑材料多取材于本地和自然，如块石主要用于砌筑墙基和墙身，卵石用以砌墙、铺路、驳岸、筑篱，木材用于建造屋架、桁条、椽子以及板壁、门窗等，泥土用来筑墙、烧制瓦片等。建筑色彩以材质本身的中性灰色、黑色、赭石色为主。设施环境特征：部分主要街道、桥梁以条石铺装，结合古树形成村口、庙前活动广场，村庄的石桥、古道、老树、碧水、群山浑然一体，古朴自然。

2）计划经济时期（1949～1978 年）的风貌特色。计划经济时期集中建设的乡村公共建筑形成了长潭湖地区新的风貌特色。整体营建特征：村庄祠、庙的中心作用减弱，乡村集体公共建筑组织空间的核心作用逐步凸显，公共建筑的建设扩展并延伸了村落格局和主体街巷空间结构。单体建筑特征：其风貌与传统建筑风貌较为协调。建筑形式仍以传统坡屋顶为主，建筑层数有所增加，局部可见 3～4 层建筑，建筑室内外空间组织较好地延续了传统民居建筑中室内外空间衔接的特点。建筑材料多以砖、木、石为主。建筑主体多以白色粉刷，局部构件为木质并经过油漆涂刷，屋顶仍为黑色瓦片。设施环境特征：新建的公共建筑主要作为乡公所、兽医站、会堂等，围绕这些公共建筑多形成新的村庄入口、活动广场及其他节点场所，丰富了村庄公共活动的设施和开放空间。

3）改革开放以来（1979 年至今）的风貌特色。改革开放以来，长潭湖地区村庄建设风貌出现了巨大变化，与前两个阶段的风貌特色有较大差异。整体营建特征：出现了简单行列式布局的村庄建设格局，同时，原有传统建筑、集体公共建筑逐渐衰败、废弃和拆除，翻建的新建住宅逐渐成为村庄风貌的主体，传统村落单元空间依山就势的建设格局和主体街巷空间受到不同程度的破坏。单体建筑特征：村民自建住宅缺乏规范引导，建筑形式、材料、色彩与传统村庄风貌不协调。部分建筑形式出现平屋顶、坡屋顶、平坡屋顶结合等多种屋顶样式。其中坡屋顶的坡度、坡向均存在多种形式。建筑构件及装饰出现较多西方外来风格样式；建筑高度缺乏统一，建筑层数最高可达 5 层。建筑主要以钢筋混凝土结构为主，新建建筑立面多采用面砖，面砖色彩的饱和度、反光率较传统建筑墙面高，同时铝合金门窗大量使用，窗墙比更高，门窗玻璃色彩以蓝色、绿色为主，使得建筑立面色彩更为杂乱，在环境中较为突兀。设施环境特征：新建道路空间主要考虑机动车通行要求，较宽敞，以水泥铺设为主；部分新建公共绿地较少考虑与村落主体街巷空间的结合，使用频率较低；村落中凉亭、垃圾收集等设施明显增加，在改善村容村貌和卫生环境方面起到了一定的积极作用，也使得村落建设风貌要素更为多元。部分村庄景观设施、卫生设施的样式、材料和色彩尚需进一步改进。

村庄风貌形成原因包括如下几个。①自然环境影响。自然环境是村庄风貌特色形成的基本影响因素。地形地貌、气候水文、土壤植被等自然环境要素的共同作用为村庄风貌特色的形成奠定了基础。长潭湖地区村庄处于黄岩西部山区，在传统农业社会时期，生产力水平较低，村庄营建受地形地貌的约束较大。由于工程技术条件的限制难以对地形地貌施以很大改变，大分散、小集聚，与自然环境有机协调，成为传统村庄整体布局的基本特征。村庄逐渐形成坡地建筑、聚落，以及山间平地的小聚落。长潭湖地区降水丰富，对当地采用易于排水的坡屋顶和有利于防雨、增强日照的挑檐样式有重要影响。长潭湖地区山林茂密、植被较多，土、石、竹、木资源丰富，村庄建造取材主要依赖当地，形成了具有地方特色的木构、石砌瓦房。因此，传统村庄建设风貌显示出强烈的地域性特征。②社会文化影响。社会文化影响是村庄风貌特色形成的推动力。社会变革以及传统文化与现代文化的传承和植入，推动了村庄建设风貌的变化。在传统血缘、地缘关系影响下，村落空间多以祠、庙为核心，通过村内的主体街巷组织村庄整体空间结构。在人民公社和"文化大革命"时期，以计划经济为主导，集体组织在生产生活中的重要性增加，形成大量公共建筑并留存至今。改革开放以来，村庄社会文化转型，村民建房的理念发生了较大转变，村庄建设风貌出现较大转型。随着市场经济逐步推进，生产力水平、生活水平快速提高，一定时期内随着村庄人口的快速增长，人们对于住房的需求增加。村庄快速扩张，新建大量房屋，形成了简单实用的街巷格局。随着城市化进程逐步深入，人口不断向城镇迁移，村庄人口减少，部分村庄原有传统建筑逐渐衰败、废弃，村庄"空心化"现象逐渐凸显。随着现代文化观念不断进入村民的生产生活，传统血缘关系、地缘关系、集体公共关系逐步减弱。新建建筑简单地采用新材料、模仿外来建筑风格，地方传统建筑风貌受到不同程度的破坏。③产业经济影响。产业经济影响是村庄风貌特色形成的强化力。随着改革开放和市场经济的推行，村庄产业经济结构逐渐发生转变，村庄建设风貌出现较大转变。长潭湖地区第二产业发展迅速，部分村庄出现了以农产品加工、塑料制品加工、酿酒等为主的加工、制造企业，这些企业在吸纳本地耕种村民就业的同时增加了村民收入，使得村民新建住房在短期内大量涌现。长潭湖地区乡村旅游快速发展，各类旅游服务公共建筑、农家乐、宾馆等配套服务设施逐步完善，较大地影响了原有村庄的功能结构和建设风貌。

3. 传统村落村民认同和归属感强

对全国 13 个省的 480 个村的田野分析调查中获取的 7578 份问卷进行数据分析，得出了以下结论。

1）传统村落村民普遍了解传统村落相关内容，且认为本村具有独特的历史文化特色，具备古村落文化认同感与保护意识，同时对于村内祠堂、庙宇等的关注度也相对较高。

2）传统村落村民村庄归属感强，较为关心村落景观环境。

3）传统村落村民在下一代的居住地选择上，选择农村居住的村民比例相较于非传统村落更高，对于教育质量的注重度也相对较高。

三、乡村适用技术

乡村适用技术是指在乡村地区，在一段时期内能与当地的综合环境系统相互协调、适应和促进，以实现最佳综合效益的技术或技术系统（图2-8～图2-10）。

1）我国传统乡村积累了丰富的适用技术经验，特别是在因地制宜地采用地方传统技术优势、地方材料和建造工艺等方面。

2）我国乡村急需适用技术以提升宜居环境品质。至2016年末，在全国7.63亿村庄人口、52.6万个行政村中，有31.3%的行政村仍没有实现集中供水，80%的行政村不能对生活污水进行处理，35%的行政村仍无法对生活垃圾进行有效处理。面对我国乡村人居环境原始、低效、粗放发展的格局，亟须提倡发展适用技术。

技术类别			技术要素举例
规划适用技术	村庄建设空间布局		用地适宜性评价，建设用地界线划定，建设布局方案
	旧村整治与村庄历史文化保护		旧村整治方案，历史要素评价，特色要素总体引导
	基础设施	道路工程	弹石路面，轮迹路面，沥青混凝土路面，水泥混凝土路面
		供水工程	小型水厂，蓄水池，雨水收集利用技术，中水利用技术
		污水处理	分散式污水处理（如人工湿地建设技术、土地快速渗滤技术、人工浮岛处理技术、净化槽处理技术、稳定塘处理技术），集中式小型污水处理
		粪便处理	生态厕所
		垃圾处理	分类收集，有机堆肥，建筑材料再利用，压缩填埋，焚化利用
		生活用能	太阳能、生物质能（如沼气能等）、风能
	村庄安全与防灾减灾		防洪防涝措施，防风、雪减灾，地质灾害防治，消防措施
	村庄风貌景观引导		街巷格局与肌理分析，村庄天际线控制，建筑物色彩控制，传统建筑要素提炼与运用，传统形式下现代材料的运用与创新，本土材料与植被使用
建筑适用技术	建筑形体		建筑形体系数控制，自然通风，自然采光，乡土风貌特色
	建筑围护结构	墙体	外墙保温隔热系统，新型墙体技术，功能性涂料，垂直绿化
		门窗及遮阳	门窗节能技术，遮阳系统
		屋顶	屋顶保温隔热技术，屋顶防水技术，屋顶绿化节能技术
		地面	地坪防水技术，地坪密封和保护技术
	建筑能源设备		生活污水处理技术，雨水收集利用技术，地源热泵系统，太阳能利用技术，绿色照明技术

图2-8　乡村适用技术要素分类及举例

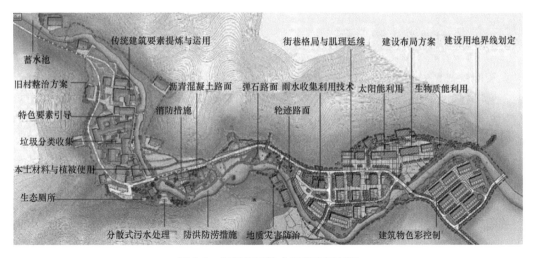

图 2-9 规划适用技术要素应用示例

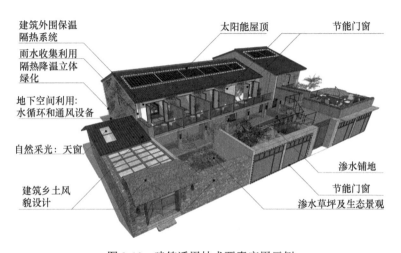

图 2-10 建筑适用技术要素应用示例

3）我国目前乡村适用技术已有较好的研究基础。例如，有学者针对陕西省农村基础设施建设适用技术，通过探索建筑材料的环境属性，提出了基于适用技术推广实施的农村基础设施建设框架体系；杨贵庆教授等专家将乡村适用技术类型分为规划适用技术和建筑适用技术两大类（图 2-9），并结合当前美丽乡村规划建设的实际，采用当地建筑材料和适用技术工艺，进行了实践，取得了良好的社会、经济和生态效益。杨贵庆教授团队利用研发优势，不断寻找和导入适用于乡村改造的建筑技术、建筑新材料。

村居建筑的适用技术需求广泛，如太阳能屋顶、节能门窗、雨水收集利用、墙体材料、地下水利用、污水处理等的建设都有需求。在杨贵庆教授团队指导下，当地一方面注重就地取材，如村庄路面的改造基本采用当地自然石材、植草砖、碎石等透水性强的材料，并塑造斜坡、利用地形迅速排放雨水并收集雨水；对古村中的原有地砖进行适当改造，使其变成性能完好、与周围景色合二为一的路面材料等。

四、乡村建设人才培养

实施乡村振兴战略，人才振兴是关键。乡村规划与建设的现实迫切需要一批"懂农业、爱农村、爱农民"的人才队伍。据统计，2015 年我国规划人员为 30 万人，注册规划师总人数为 18 520 人，占规划从业人员的 6.17%。2017 年我国村镇建设管理机构的个数为 7662 个，村镇建设管理人员为 19 400 人，其中专职人员 12 301 人。

高等学校积极培养乡村建设规划设计人才。据不完全统计，截至 2019 年 6 月，已经有 30 余所高校制定了服务乡村振兴工作方案，13 所高校成立了乡村振兴学院。同济·黄岩乡村振兴学院作为全国首家乡村振兴学院，成立一年多来，为加快实施乡村振兴战略培养了大批的地方人才。

同济·黄岩乡村振兴学院以贯彻落实乡村振兴战略为导向，依托黄岩生态资源优势、历史人文优势和"美丽乡村"建设优势，按照"校风严谨、师资优良、硬件完备、管理规范、环境优美"的建设理念，与同济大学开展战略合作，充分发挥理论支撑和智力支持作用，着力构建乡村振兴理论研究、实践指导及人才培养三位一体的综合性学习教育平台，打造"两山"重要思想实践样板基地，为推进乡村振兴战略提供黄岩实践和黄岩样本。建设乡村振兴学院，因地制宜地培养农村发展带头人、农业发展领军人、服务于农村农业发展的各种急需的实用型人才，为乡村振兴做人才的加法。在硬件方面，南校区——宁溪镇乌岩头村的教学场地选址在原乡建学社，内设 1 个多媒体教室（容纳 50 人），1 个学术报告厅（容纳 100 人）。北校区——屿头乡沙滩村的教学场地选址在原柔川书院区块，新建一幢教学用房，内设 2 个多媒体教室（各容纳 50 人）和一个学术报告厅（容纳 130 人）。在课程设置方面，针对市、县、乡、村各个层面，设置专题培训班和研讨班。将由同济大学李京生教授、彭震伟教授、张松教授、颜文涛教授、杨贵庆教授、张尚武教授、卓健教授、黄怡教授、童明教授、张亚雷教授、耿慧志教授等领衔组成教授团队，讲述"乡村历史演进""乡村地理环境""乡村文化传承""乡村生态系统""乡村产业发展""乡村空间布局""乡村住宅设计""乡村建筑改造""乡村适用技术""乡村建设管理"等多个主题报告。此外，设立"产业兴旺"教学点——北洋镇前蒋村、院桥镇繁荣村；"生态宜居"教学点——屿头乡沙滩村、宁溪镇乌岩头村；"乡风文明"教学点——澄江街道凤阳村、宁溪镇白鹤岭下村；"治理有效"教学点——南城街道山前村、东城街道红四村；"生活富裕"教学点——北城街道后庄村、新前街道前洋村。

有的地方政府，如成都市初步建立乡村规划师制度。服务于乡镇，接受市、区（县）国土空间规划部门的业务指导、统一管理。

第三节 乡村建设绿色建造与施工现状

由于各个时期的政治、经济、文化环境的差异，农村住宅建设上各个时期的特征很明显。本书根据这些时期的特征将中华人民共和国成立后中国农村住宅建设大致分为以下几个时期。

1）改革开放以前。中华人民共和国成立以前，我国农村住房以简易木结构或砖砌平瓦房为主，也有少量生土建筑，但大多低矮潮湿、拥挤破旧。建造上除砖瓦外还广泛使用砂灰墙、毛石墙、三合土墙及草屋面等。少数富裕家庭房屋面积大，且多为用料讲究、工艺精湛的砖木结构庭院式住宅，分厅堂、厢房，三至五进不等。而贫民住房多为简陋的泥木结构，居住条件较差。

1952 年后，少数农户开始扩建及新建住房。1958 年起，受"先治坡，后致富"思想及暂时的经济困难影响，除极少数因水库移民建房外，农村建房几乎停顿。20 世纪60 年代乡村建房仍不多，到 70 年代，少数"学大寨"先进村庄及水库移民村庄建有"大寨式"住房，但多为砖木结构的二层楼房。较长一段时间，农村居民住房条件较差，房屋比较简陋。1957 年，农村人均住房使用面积为 $11.3m^2$，1978 年末降为 $8.1m^2$，尚不能满足人口增长的需要，更谈不上改善生活条件。

2）改革开放初期至 20 世纪 80 年代末。十一届三中全会以后，农村社队企业兴起并迅速发展，农民收入增加，家庭积累主要投向住房建设，于是"建房热"此起彼伏，许多地方几乎是"家家备料，村村动土"。1979 年 10 月，五个部门联合召开的第一次全国农村房屋建设工作会议，强调农房属生活资料，产权应归社员个人所有，社员自建自用完全合法，提出了"全面规划、正确引导、依靠群众、自力更生、因地制宜、逐步建设"的方针。1982 年 12 月，经国务院批准，在北京召开了第二次全国农村房屋建设工作会议，发布了《国务院批转第二次全国农村房屋建设工作会议纪要的通知》，重申了第一次会议提出的农村住房建设方针，强调了要重视和改善农民的居住条件，充分发挥社员和集体两个方面的积极性，搞好规划，提出了建房要就地取材等节约用地和量力而行的措施。同时，多数省份建立了农房建设专管机构抓新村试点、组织设计竞赛，对农村建房予以资金、材料、人力、运输、技术、物资支援。据统计，1978～1979 年全国农村建房 4 亿 m^2，农房建设方式多以翻建为主，旧料利用率高，装修标准较低；1980 年建房约 5 亿 m^2；1981～1985 年，新建农村居民住房平均每年在 6 亿 m^2 以上。就建房资金而言，1978 年还只有 30.8 亿元，1985 年高达 313.2 亿元。大规模的农房建设使农民居住条件迅速改善，到 1985 年，农村住房使用面积上升到 $15m^2$/人；从 70 年代末至 1985 年，楼房比例由不足 3%提高到 13%。一排排砖瓦房甚至一幢幢新颖、别致的楼房拔地而起，成为改革后农村最直观、最明显的变化。

在此期间，农房建设方式转向以新建为主，面积逐步增大，装修标准日益提高。这一时期开始大量出现二层的砖混结构住宅，有些甚至达到四五层，但布局比较简单，楼上楼层多是首层的简单重复，部分在院内设置附属用房，但厨房等也开始进入楼房主体，二层一般设有阳台或敞廊，立面多为砖墙面，使用不同颜色的水刷石等材料。到 20 世纪 80 年代后期，较发达地区农村开始试用通用设计图或专门设计，庭院以独产独院或几户联建为主，设有专用厨房及卫生间，铝合金门窗随处可见，现浇框架结构开始出现，高级别墅也不乏其例。

3）20世纪90年代。至1999年，农村居民人均居住支出233元，比1978年高出18.5倍，人均年末居住面积增加到24.23m²，是1978年的3倍；人均住房面积中砖木结构和钢筋混凝土结构住房面积达到18.63m²，占人均住房面积的76.9%，比1981年的48.6%提高了28.3个百分点。至2000年农村居民人均用于居住类的消费支出258元，人均年末居住面积24.84m²，其中砖木结构和钢筋混凝土结构住房面积19.76m²。在人均居住面积增加的同时，居住质量也有较明显提高。农村居民住房有卫生设施的户数、有空调或暖气设施的户数比例均有所提高，家庭室内装修也越来越受到重视。

这一时期是村镇低层楼房住宅大量发展的阶段。尤其是在经济较为发达的东南沿海地带，平房建设基本消失，按村落成规模的楼房建设已成风尚。村镇住宅和住区规划工作已经引起普遍重视。从调研地来看，这一时期住宅多为砖混结构，平面、立面形式比以前更为灵活。外装修手法多样化，白色瓷砖或马赛克饰面、石膏线脚、小青瓦或琉璃瓦屋面、铝合金门窗等内装修也开始流行，水磨石地面或仿石材地面也较多运用。

4）2000年至今。这个时期，新村建设成为一个备受瞩目的主题。农村住宅建设类型趋向多样化，同时各地大量出现统一规划的农村新社区。此时，随着改革开放的深入，全国进入全面发展阶段，尤其是西部大开发战略的实行，使农村建设在更大范围内展开。这一时期随着村镇与外界的交流增多、生产生活方式的转变及家庭人口组成变化等因素的影响，农村居民对住宅的需求呈现多样化，住宅建设类型也越来越丰富。同时，随着集约用地及城镇化进程的加速，国家积极推动村镇的规划，农村新社区的规划建设得到极大发展。这一时期，城镇化对农村建设的影响日益增大，这种影响体现在了经济文化，甚至住宅风格上，成熟的城市住宅建设模式越来越多地被运用到村镇住宅建设中。

一、农房建造整体质量

"第三次全国农业普查"数据显示，目前全国约2.3亿户农户，全国农村住房总量约2亿处。随着农村经济的发展，农房建筑总规模不断攀升，2016年末村镇住宅面积达256.1亿m²，较2008年增幅12.72%（图2-11）。2016年末，全国村镇人均住宅建筑面积33.75m²，农村人均住宅建筑面积 33.56m²。但伴随着新建建筑规模的不断增长，需要改造的农村危房也在不断攀升，2008年农村危房改造任务数量仅占全国农房的0.02%，至2019年已上升至14.14%（图2-12）。而且，待改造的农村危房中很大比例是近几年新建的农房，说明我国新建农房建造水平一直在低水平循环，整体建造质量不高。在"乡村振兴战略"背景下，这种状况已和农民日益增长的物质文化需要形成突出矛盾，具体表现在如下几个

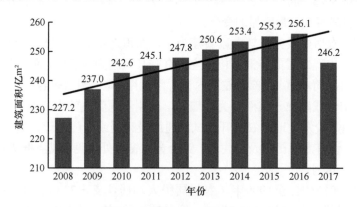

图 2-11　各年度村镇建筑面积

数据来源：住房和城乡建设部，2018

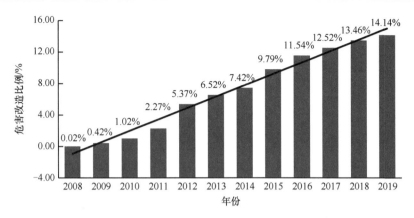

图 2-12　农村危房改造数量占全国农房总量比例

数据来源：住房和城乡建设部，2018

方面。①农村建房缺少基础性功能设计，环境舒适性有待提升。②农村建房缺少严格的过程监管，质量可靠性亟待提高。③农村建房缺少必要的防灾措施，居住安全性亟待关注。

目前，我国的建筑设计力量基本上集中在城市，建设经验主要来自城镇，因此在农村住房设计上常常会存在设计与实际相脱离的情况。我国新农村住宅建设主要问题集中在：①对农村住宅建设的经济性需求认识不足；②没有很好地针对农民生活习惯进行设计，没有解决好农民生产生活问题。很多地方直接将城市住宅搬到农村，表面上改善了农民居住条件，实际上难以满足农村生产生活模式的需求。此外，乡村的设计人员在设计上由于水平的限制，设计的功能不能完全满足农民的生产生活需要，住宅户型设计单一、功能结构不合理，不考虑环境、功能、质量等因素，不注重新技术、新材料的应用，多数房屋建设仍处于低层次、低技术含量的简单再生产。主要表现如下。

（一）农房缺少必要的结构设计，抗灾能力差

我国农村地区经济发展水平普遍较城镇差，中西部地区农村经济水平更低，很多群众无力建设抗震性能好的房屋。农村的多数建筑依旧为传统的土木砖石结构。2003 年 7 月和 10 月在云南大姚县曾经发生两次 6 级左右的地震，这两次地震充分暴露了农村民房建设中的问题。据统计，地震造成万余间民房倒塌，因受地震损坏而变成危房的达万户，仅民房损失损毁造成的直接经济损失就超过了上亿元。在地震中重伤和死亡的人全部居住在土木结构的房屋里。

即使在经济相对发达的农村地区，由于住房多是按照传统的施工方法，由住户私人建造，缺乏具有抗震知识的专业设计、施工人员，工程建设缺乏管理，导致房屋在建造过程中材料强度低、结构整体性差，房屋的抗震能力普遍较差。在农村，往往 6 级的地震就可以对住宅造成相当数量的破坏，7 级地震时有大量的住宅会被严重破坏和倒塌，8 级地震时则大部分住宅会遭到严重破坏或倒塌。例如，2004 年 3 月，内蒙古东乌珠穆沁旗 6～7 级的地震，造成 28 827 间牧民房屋受损，其中倒塌及严重破坏的合计 1.5 万余间，经济损失达到 6 亿元。

另外，在农村人们的抗震设防意识淡薄，农民缺少进行抗震建设的技术知识，建房随意性大，不知道在震区所应该对房屋采取的抗震设防措施。即使少数人稍微具备抗震

知识，也受到经济水平、传统习惯等原因的影响，使得抗震措施不到位。农村建房多数片面追求大空间、大开窗，致使窗间宽度明显不合理，导致抗震能力下降。即使农民有意识地想建造抗震强度高一些的房屋，也很难找到合适的施工单位。城镇地区有资质、有技术实力的建筑施工企业不愿意到农村地区承建工程，而农村地区缺乏掌握规范施工做法的工匠。

（二）农房缺少合理的功能设计，影响正常使用

农民建房大多没有正规图纸，或者根本就看不懂正规图纸，或者有设计服务提供也未必能买得起。即使各地根据新农村建设需要下发标准图集，很多情况下，农民也会认为不符合自己的要求，都不愿意参考，建房施工人员通常所依据的也仅仅是一份口头商定的简略方案，使用这个方案建造出来的住宅，除了建设简单外，还存在诸多功能上的不合理，增加了建筑材料用量。

（三）农房热舒适状况差，居住生活不舒适

农村住宅形体规则的比较少，而且缺乏保温隔热措施，新材料的运用也少。在浙江安吉的调研中，当地住宅的围护结构一般无保温隔热措施，仍以砖混结构为主，外围护墙多采用厚的空心黏土砖，内外抹面，屋面多以厚空心板为结构层，绝大多数无保温隔热层窗。多选用木窗、铝合金窗，气密性和水密性差，普遍采用单层玻璃，住宅外遮阳措施很少。这些材料的热工特性导致住宅夏季闷热，冬季存在室温低、四大角及外墙内表面结露、结冰霜及室内潮湿、室内物品发霉变质等问题。

（四）农房发展模式脱离实际，整体风貌趋同

将城市住宅模式照搬到农村，或是对城市住宅的盲目模仿是农村设计不合理的根源之一。现在的村镇建设中，由政府主导的村镇社区规划建设在不断增加，而所实施的规划建设经常会套用城市模式，与当地农民的经济水平及产业情况相脱节，出发点尽管是好的，但最终却反而造成农民的经济负担增加，一些规划中的配套设施，如道路、绿化，由于后续资金的缺乏而无法完成，同时在设计中由于对农民生活需求不了解，就带来设计的不合理。

二、农房建造主要模式

与城市建房在管理模式上最明显的不同点在于，农村建房多为村民直接委托给施工队和农村匠人，部分落后地区还保留自己建房的模式，我们称之为广义的"自主建造"模式。在这种模式下，设计方、施工方和业主在建造过程中并没有明显的责任划分，过程中也没有专业和阶段的划分，设计和施工的质量完全取决于施工队的技术水平。建筑材料（混凝土、砂浆等）也多现场制作和加工，采购渠道很难追溯，掺合料比例完全依靠经验判断。施工队人员流动性强，无固定工作场所。

早期传统的民居建筑，匠人自幼就要跟随父辈学习建造的各种技能，并一代代传承下去，创造出了丰富多彩的民居。受限于传统观念和成本的制约，这种模式仍然主导乡村农房建造。同时，农房的主要结构形式也发生了变化，砖混、钢混结构的比例持续提

高（表 2-3），农民的居住环境得到一定的改善。

表 2-3 农房结构构成比例 （%）

按住房结构划分构成	全国	东部	中部	西部	东北
钢混	12.5	15.7	13.5	9.5	5.3
砖混	57.2	57.9	65.3	50.6	47.8
砖（石）木	26.0	25.1	18.9	30.9	42.5
竹草土坯	2.8	0.9	1.5	5.9	3.6
其他	1.4	0.5	0.8	3.1	0.9

注：数据来源于"第三次全国农业普查"。

由于缺少设计和结构基础知识，"非专业化"农村建设队伍参与的"自主建造"模式也表现出一些问题。①乡村施工人员来源分散，专业技术水平难以保证。②乡村施工人员管理混乱，水平参差不齐。③施工队伍整体质量意识、安全意识偏低。④缺少建设监管体系。一般主要的建造模式包括以下三种。

（一）自行建房模式

自行建房模式多用于农民收入不高、交通不便、自给性消费意识强的地区。自行建房模式以农民作为投资主体，农民自请工匠，自己组织建房材料，并完成从申请宅基地、资金筹集、房屋结构设计、施工至竣工验收全部管理工作。这种方式至今在我国中西部，如湖北省大多数地区占主导地位，其特点是建房的资金来源主要是农民自身储蓄积累或向亲戚、朋友借款。农户宅基地选址一般根据生产生活的方便程度来确定，以自身的效用最大化为目标。在家庭承包、小农经济条件下，如果缺乏制度约束，那么以自然院落形式分散居住、占耕地建房、建路边店就成为农户的必然选择。农户对传统的建设方式有强烈的依赖，并且这种自然经济条件的产物在经过与农村政策长期"磨合"后，在一定程度上是有效率的。这是因为，一方面，自建方式已经为农民所熟悉，对于传统的建筑程序、房屋结构、建筑材料的选择等农户已了如指掌，无须再为获得这些信息支付成本；另一方面，大多农户建房会请工匠"帮忙"，并以口头契约为主的方式达成劳务支付协议，在农民注重信用的前提下，这种契约形式的交易成本很低。

自建农房仍然是村镇建设的主要方式，而且是农民一生很重要的投资，由于缺乏相应的指导，农房不同程度的存在问题，房子的使用寿命和质量大为降低，同时这也大为损耗了农民的经济实力，导致农村出现"楼房林立、家徒四壁"的不协调现象。

考虑到中国农村未来的经济发展过程，自建房仍然还会是主要的建房模式，因此还是要继续给以重视，需要政府在规划管理与消费上进行引导，完善村镇规划、控制建房规模等。此外，自建房在农宅研究上还是一个重要的研究对象，脱离了这个研究对象，整个村镇住宅的研究就不完整。但这又产生一个问题，如果鼓励建筑师的参与，那么对于建筑师而言，究竟应该去实施一户户的设计指导还是编制图册作为农民的参考依据，目前缺乏实际的可操作性。而目前的参考图集对于农民而言，是否具有真正的实用性以及农民是否愿意使用也未可知。

（二）合作建房模式

合作建房模式适用于有大量农户联办组织的经济不发达地区，或者一些人口密度较大、自建活动较频繁的地区。合作建房模式通过引导合作经济组织从事农村住房建设，实行农户住房建设合作化与规范化。合作建房模式建设主体可分为几种类型：国家兴办的、当地政府各部门兴办的、社区性合作组织建设的、农户自发组建的。从合作形式看，可分为资金合作和劳务合作。

合作建房模式的特点：①与自行建设模式相比较，合作建房模式易于实现统建、联建，从而有利于规范化管理；②合作的原则是"自愿组合、自主经营、互助互利、公正平等"，个人与集体利益共享，风险共担。

合作建房模式的缺陷：①建立农村建房合作社，由于缺乏资金、信息、服务等专业知识，可能导致农房建筑技术层次低、产业规模小，合作社自我积累能力弱，组织体系不稳定；②合作组织财产关系模糊，这可能弱化合作组织内部的激励机制，损伤自身的信用基础，并由此引发劳务合作中的消极怠工及一系列债权债务纠纷等问题。

（三）产业化建房模式

产业化建房模式适用于经济发达、农民收入较高的地区。产业化建房模式是通过培植各种形式的农村住房建筑企业，接受政府、集体、农产的委托进行农房建设，以承建或出售新建农房作为主要内容的农村住房建设模式。其特点是通过规范农村住房建设行为，实现农村住房建设的企业化、专业化、市场化和社会化，促进农房从设计、施工到装修、配套基础设施建设全过程的一体化，提高农村宅基地的集约利用程度，优化农房建设要素的配套，形成农村住房建设的良性发展机制。目前我国农村住房仍以自建为主，多数地区谈产业化还为时尚早。但是，农村住房建设产业化克服了粗放型自行建房模式的弊端，使多年来农村住房建设"质量差、功能不配套、不便管理"等问题迎刃而解。随着我国城镇化的进一步加快，撤村并点促进中心村建设的背景下，未来村镇住区建设成为很重要的村镇住宅组成部分，因此这一模式的推广将会越来越快。农村已经不同程度地出现了产业化的雏形，有的地方已有房地产商介入住宅开发，由房地产商开发的多层住宅，开发规模普遍偏小。各地政府应发挥自己的管理职能，在住宅产业化项目的组织引导中，从各种住宅示范小区开始，在产业化建房模式上积累越来越多的更加成熟的经验。

当然，由于我国各地农村发展的不均衡性，各地的住宅产业化的进程是不一样的，有的地方还处在雏形阶段，开发主体、规模及运作方式也是多种多样，要实现住宅产业化还有不少路要走。目前，阻碍农村住房产业化发展的主要因素有如下几个。①农村住房建设基础性技术研究薄弱，产业化、标准化水平低。在我国，即便是城市住房，新型住宅建筑体系及其配套部件、产品体系也未标准化、系列化。②农村居民点偏小且分散，住宅在数量上不够集中，同时基础设施，如道路等条件较差，单栋的建造成本不易降低，而且运输费用增加还加重了这个问题。农村的宅基地制度对于商品房在农村的推广还存在一定限制，而且农户自身的住房商品意识还有待改观，对传统的建房模式有强烈的路径依赖。

三、农房建造管控体系

改革开放以来，特别是 2008 年汶川地震以来，国家层面上一直对乡村建设领域保持关注，各地政府也陆续出台农房建造的相关标准、规范、图集和指南等。但由于我国农村事务复杂、面积广大、结构形式多样、各地经济发展存在较大差异等问题，导致农村尚未建立类似于城市的建设管控体系，无法保障农村建设健康、有序、高质量发展。

目前，在"新农村建设"、"美丽乡村"和"乡村振兴战略"陆续提出的大背景下，各级主管部门、团体等都围绕不同主题推出了不同的指导性文件。例如，住房和城乡建设部发布过不同结构形式的《农村民宅抗震构造详图》，沿海发达地区部分省、市、县、乡级建筑主管部门推出过《农村建房通用图集》，也有相关研究机构发表过《不同地域特色传统村镇住宅图集》等用于指导农房建造，对我国农村农房的建设起到了一定的指导作用。"第三次全国农业普查"数据显示，当前我国自然乡为 10 314 个，其中设有建设管理机构的有 7662 个，达 74.29%。在农村危房改造工程方面，截至 2019 年 3 月，完成农村地区建档立卡贫困户危房改造 600 多万户，"十二五"以来农村危房改造 1700 多万户，有效改变了农村的村容村貌，改善了中低收入农民的基本住房需求。

但是，由于我国长期实行"二元化"管理体系，加之农村事务复杂，广大农村建设监管体系未得到足够的重视，具体表现在如下几个方面：①农房建造缺少系统、标准、规范的指导；②农村建造管理与监管体系不健全，监管机构不健全、监管队伍不完善、监督水平不足。

在我国现有的管理制度下，镇级规划管理部门就成为农村规划的直接管理部门。在调研期间，课题组对分管规划工作的镇领导、规划办公室主任和科员进行了深入的访谈，了解其管理工作的概况及困难。按照规定，镇政府应该负责下辖各村自建房报建的管理工作，包括收集、审核并向上级上报各村委的自建房建设申请资料，最后核发乡村规划建设许可。从中央、省、市到区级规划管理部门均对农村自建房管理制定了详细的报建管理规定，然而在访谈中发现不同乡镇的自建房管理甚至是农村规划管理工作存在不同程度的空白状态。个别农村规划管理工作基本上没有开展，虽然要求要发乡村规划许可，但是流于形式。同时，有些地区正在推行村庄规划全覆盖，但是许多村庄还并未开展规划编制工作，自建房管理工作面临许多困难和约束，包括规划制度、各部门协调等方面。

（一）管理经费、人手缺乏导致建设管理力量不足

当前，因为地处偏远、经济欠发达，乡镇政府的经费和人员编制严重不足，现有的人员和经费仅能负责镇区的建设和管理工作，这直接导致了农村的自建房建设管理捉襟见肘，上级管理部门的政策难以落实。课题组调研的某镇规划办仅有 3 名工作人员，主要负责镇区住房建设报建、镇工程项目管理并协助农村自来水和村道建设。"人少事多"是限制农村规划办工作开展的重要原因。

另外，乡镇级建设管理人员不足，专业人员更是缺乏。管理部门 3 名工作人员中无一人是土木相关专业人员。工作经费紧张也制约了农村自建房管理工作的积极性。经费仅能勉强维持镇政府日常工作和少量镇区规划管理工作，而无暇顾及广阔的农村地区规划事务。人员编制困境的一个重要原因，在于其财政收入来源的单一与僵化。农村各种

税费的取消和部分税收的层层上移，导致许多地区乡镇财政收入主要来自于上级的财政补贴，但是这种转移支付十分僵化，主要用于支付乡镇公务员的工资，乡镇政府基本上失去了安排财政预算的权力。财政转移支付的不足和农业税费的取消是导致基层政府财政紧缺的主要原因，但基层政府所负责的工作繁重且复杂，难以开展具有自主规范化的建设管理工作。

（二）报建管理制度的不完善

除了镇政府经费和人手的限制，农村自建房报建制度的不完善也困扰着基层规划管理部门。

1. 村庄规划缺位或质量不高，无法指导报建

农村自建房报建必须符合村庄规划确定的用地布局，因此村庄规划的编制是自建房报建的前置条件之一，然而许多村庄规划的缺失让自建房报建制度难以运作。

从目前的调研情况来看，村庄规划编制模式以政府为主导，即以政府组织编制为主，编制过程中没有很好地体现公众参与，因此村庄规划编制普遍存在编制周期短、乡野调查低效、成果表达技术化的特点。由此看来，按照统一的政府主导的编制模式进行编制容易导致规划本身不可行或是不适用，造成一定程度的资源浪费，而公众参与，即将村民自身作为编制主体，在编制模式上具有较多的优点。一方面，村庄能够按照自身发展的需求编制村庄规划，提出对与村民生产生活最息息相关的内容进行重点编制；另一方面，也避免了存在经济发展水平不同等地区差异时，村庄规划编制却"一刀切"的做法，应适时鼓励和引导村庄根据自身需求申请编制村庄规划。

2. 土地利用指标管控趋紧，需求增加

土地用途管控是农房报建的一个最重要的限制因素，如惠州市建设用地指标在总体紧缺的情况下，镇层面往往会单向地减少乡村地区的建设用地，导致村庄建设用地指标有限，村民自建房报建工作受阻。同时，部分留用地尚未落实，已落实的留用地因没有留用地上村民建房报批管理办法出台，个人建房行为暂时不被允许。建房需求和用地指标之间的矛盾已很难调和。

3. 宗族力量的凝聚与行政执法困难

自建房监督执法过程中遇到的最大阻力来自于户主的不配合，这是执法管理中所面临的特殊难题。村民收入不高且较为节俭，经常会用一生的积蓄来建房，如果投入大量资金和心血的房屋被拆除势必引起村民的强烈反抗。而且宗族内每个村民都有同样的想法，都不愿意自己的新房被拆除。这样的宗族凝聚力让人手单薄的镇政府对违法建筑的强制拆除有了更多顾虑。许多管理者也不愿意对本村的自建房建设进行过多干涉，避免挑起与本村村民的矛盾。

因此可以看出基层管理者在实际的政策执行中会遇到许多意想不到的问题。一方面在于农村事务的复杂性，另一方面也体现了"法治"与传统农村"礼治"的矛盾。梁漱溟认为中国传统农村的管理采用的是以自治为主的"礼治"，推崇的是引导人积极"向善"，而"法治"是以惩罚和禁止为主，因此当现代的法治观念遇上传统农村的"土壤"

会遇到各种不适应和困难。

第四节 乡村能源高效利用与新能源开发现状

一、乡村能源利用现状

（一）用能总量

根据《中国建筑节能年度发展研究报告（2016）》，目前我国 31 个省（自治区、直辖市）每年乡村生活用能总量约为 3.27 亿 tce（数据包含了秸秆等燃烧产生的非商品能的能耗量），包括供暖、炊事（含生活热水）、照明与家电（生活用电）、空调降温共 4 个用能分项，能耗量占比依次为 42%、36%、17%、5%（图 2-13）。

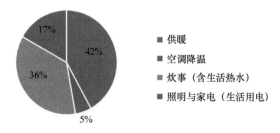

图 2-13 全国乡村住宅用能分项情况
资料来源：清华大学建筑节能研究中心，2016

（二）用能特点

北方地区乡村住宅能耗量明显高于南方地区，北方地区户均能耗量为 2.5tce/a，南方地区户均能耗量为 1.33tce/a（图 2-14）。部分省份，如青海、黑龙江、宁夏、安徽、云南的非商品能能耗占比接近或超过一半。

在乡村现有的能源结构中，秸秆、煤炭占比高，分别为 32% 和 43%，电、液化气应用少，分别占总能耗的 21% 和 4%（图 2-15）。

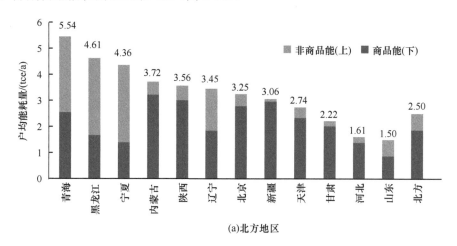

(a)北方地区

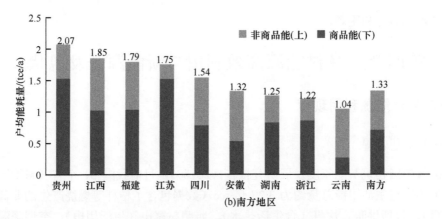

图 2-14　我国乡村地区户均生活用能情况
资料来源：清华大学建筑节能研究中心，2016

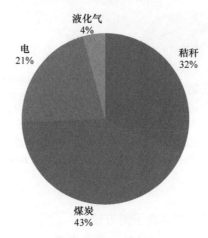

图 2-15　乡村能源结构
资料来源：清华大学建筑节能研究中心，2016

家庭经济水平不同，能源消耗类型也有所不同（图 2-16）。经济条件越好的家庭，使用燃煤、烧柴比例越低，使用天然气、电能等清洁能源比例越高。

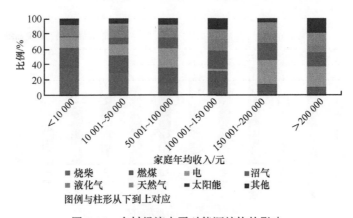

图 2-16　乡村经济水平对能源结构的影响

（三）乡村能源高效利用技术现状

1. 高效节能照明设施

乡村居住建筑应充分利用天然采光营造室内适宜的光环境，充足的天然采光有利于居住者的生理和心理健康，同时也有利于降低人工照明能耗。

为了在保障照明条件的前提下，降低照明耗电量，达到节能的目的，在照明光源选择上应避免使用光效低的白炽灯。细管径荧光灯（T5 型等）、紧凑型荧光灯、LED 光源等具有光效高、光色好、寿命较长等优点，是目前比较适合乡村居住建筑室内照明的高效光源。

根据调查，乡村户均分别拥有 1.9 盏白炽灯和 5.9 盏节能灯，节能灯的整体普及率为 76%，仍有节能优化空间（清华大学建筑节能研究中心，2016）。

2. 农宅围护结构热工性能改造

农房普遍层高偏高、墙体偏薄，保温性能较差，对农房的围护结构进行改造，是一项有效的节能措施，主要包括屋顶、墙体、门窗等结构的保温隔热改造（图 2-17、图 2-18）。

图 2-17　鹤壁市农宅保温窗帘和倒置式屋顶改造图

图 2-18　鹤壁市农宅保温吊顶改造图

3. 清洁取暖改造

过往的取暖方式主要为烧木柴和煤炭，污染排放较大。选择取暖技术路线应因地制宜，但最核心的方面还是要从经济层面考虑。以太阳能、空气能、生物质能等可再生能源替代燃煤，能源不足时用少量的电、液化气、天然气等清洁能源进行补充。按照这一方案，鹤壁市将重点推广低温空气源热泵热风机（图 2-19）、生物质清洁利用和太阳能3 项技术，政府补贴后，节能改造加取暖设备总投资户均在 10 000 元左右，年运行成本不超过 1000 元。

图 2-19　鹤壁市农宅低温空气源热泵热风机改造图

二、乡村新能源开发现状

（一）太阳能

太阳能在乡村宜普遍应用，尤其是家用太阳能热水系统（图 2-20）。

图 2-20　太阳能热水系统

（二）生物质能

生物质资源条件决定了本地区可利用的生物质能种类，气候条件和经济水平制约了生物质能的利用方式。结合我国各地区的气候条件、生物质资源和经济发展情况，根据《农村居住建筑节能设计标准》（GB/T 50824—2013），适宜采用的生物质能利用方式见表2-4。

表2-4　各地区适宜采用的生物质能利用方式

地区	推荐的生物质能利用方式
东北地区	生物质固体成型燃料
华北地区	户用沼气、规模化沼气工程、生物质固体成型燃料
黄土高原地区、青藏高原地区	节能柴灶
长江中下游地区	户用沼气、规模化沼气工程、生物质气化技术
华南地区	户用沼气、规模化沼气工程
西南地区	户用沼气、生物质固体成型燃料、生物质气化技术
蒙新地区	生物质固体成型燃料、生物质气化技术

1. 沼气

沼气在重庆等地应用较多。在污水处理的同时产生沼气，对于气候适宜的地区，沼气技术是非常值得推广的。沼气的适宜地区为河北、河南、安徽、湖北、广西等。部分秸秆较丰富的省份（如黑龙江）因气候因素、不适合沼气发酵的自然温度等原因，不适宜发展沼气（表2-5）。

表2-5　沼气适宜分区标准

分区名称	分区标准	适宜区域
适宜区 I	≥12℃的月数≥7 且≥20℃的月数≥4 或理论户均产沼气潜力≥840m³/a	海南、云南、广西、江西、湖北、四川、安徽、河南、山东、河北
次适宜区 II	≥12℃的月数为 3～7 且≥20℃的月数≥3 或理论户均产沼气潜力 560～840m³/a	山西、辽宁、吉林、甘肃、新疆、宁夏、陕西、内蒙古、湖南、贵州、重庆、江苏、天津、北京、广东
非适宜区 III	≥12℃的月数≤3 或理论户均产沼气潜力≤560m³/a	福建、上海、浙江、黑龙江、西藏、青海

2. 生物质固体成型燃料

生物固体成型燃料，比秸秆直接燃烧效率更高，在河南鹤壁已示范应用（图2-21）。生物质固体压缩成型燃料加工技术是生物质高效利用的关键。不加处理的生物质原料存在结构疏松、分布分散、不便于运输及储存、能量密度低、形状不规则等缺点，不方便进行规模化利用。通过压缩成型技术，可大幅度提高生物质的密度，压缩后的能量密度与中热值煤相当，方便运输与储存。压缩成型燃料在专门的炊事或供暖炉燃烧，效率高，污染物释放少，可替代煤、液化气等常规能源，满足家庭的炊事、供暖和生活热水等用能需求。

图 2-21　鹤壁市农宅生物质炊事供暖炉具和生物质颗粒加工厂

（三）风能

我国风电场主要分布在内蒙古、山东东部沿海、浙江、上海和福建东部沿海地区，以及广东南部沿海地区。目前，我国乡村绝大部分已纳入国家电网，风力发电厂供电对于城市和乡村基本无区别。对于没有纳入国家电网的偏远地区乡村，可考虑安装小型家用风力发电设施。

三、乡村能源存在问题总结

乡村能源利用的主要问题为利用效率低，导致农民生活品质较差。具体表现如下。

（一）能源消费结构不合理，导致室内污染严重

能源消费结构中，秸秆、煤炭占比过高，电、液化气等清洁能源应用少，导致室内环境污染严重。

（二）太阳能、沼气能等可再生能源利用较少

太阳能、沼气能适宜在乡村地区应用，且是所有新能源中应用比例最高、最易被接受的（图 2-22），虽然目前应用还比较少，但它们是乡村新能源的发展方向。

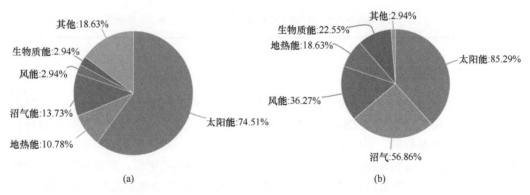

图 2-22　农户常用新能源比例（a）及村民对不同新能源的认可比例（b）

（三）农宅围护结构热工性能欠佳

乡村农宅围护结构热阻小，传热系数远达不到规定值。再加上绝大部分住宅门窗等质量较差，缝隙较大，冷风渗透严重，且房屋层高较高，导致冬季室内温度低。寒冷地区乡村住房室内温度波动较大，早晚温度很低，通常在 10℃ 以下，夜间低至 5℃ 以下，即使采暖的卧室也只能维持温度在 10℃ 左右。

（四）取暖设施效率低，室内环境质量差

北方寒冷地区乡村使用最多的是火炕、煤炭炉、土暖气、电暖气等分散式取暖方式（图 2-23），取暖设施存在热效率低、污染环境、使用不方便等缺点。北方大量使用的燃煤供暖炉热效率仅为 30%～40%，与大型锅炉相比，每年浪费约 5600 万 tce，且造成大气污染。

图 2-23　北方乡村常用采暖设备

（五）农房节能改造财政补贴不足

目前，大部分农民有住房节能改造的意识，这有助于住房节能改造在乡村地区的推广实施。在对住房的节能改造意愿调查中，74% 的农民表示愿意进行住房节能改造，但是受收入水平的限制，能接受的节能改造费用普遍较低。相关调查表明，经济条件好的省市对所辖乡村的房屋节能改造进行了资金支持，而多数乡村限于自身经济条件，财政资金支持力度又不够，节能改造开展缓慢。

第五节 乡村人居环境治理现状

一、乡村人居环境概况

截至 2016 年，全国有污水处理设施的村庄比例为 20%。浙江省的乡村污水处理设施覆盖率已达到 90%，基本实现全省规划保留村生活污水有效治理全覆盖。上海市生活污水处理乡村覆盖率达到了 60%。山东省的乡村污水处理还处于试点示范阶段。

在垃圾收集处理方面，2016 年全国生活垃圾得到处理的村庄比例为 65%。上海市、浙江省、山东省已基本实现集中收集处理建制村 100%全覆盖。浙江省分类收集处理的建制村已达到 41%。

然而以上数据均是村庄覆盖率的概念，而不是处理率。覆盖率指的是有污水处理设施、垃圾收集点的村庄占村庄总数的百分比，不考虑处理设施的规模和处理能力。事实上，乡镇建成区污水处理率仅为 7%，而乡村污水处理率远低于乡镇建成区水平。

2018 年 2 月 5 日，国家印发了《乡村人居环境整治三年行动方案》，乡村人居环境治理已在全国展开，部分省市已取得了一定成效。

二、乡村污水处理现状

（一）乡村生活污水水量特点

与城市用水相比，我国乡村用水多以河水、井水和自来水结合使用，其中，自来水为饮用水，河水和井水作为辅助用水，用于洗衣、冲刷地面、饲养家禽等。在乡村，除了小城镇外，一般的村庄人口居住比较分散，因此乡村生活污水量相对较小、变化明显，其日变化系数一般为 3.0～5.0，甚至可能达到 10 以上。由于乡村居民生活规律相近，乡村生活污水的排放在上午、中午和下午均有一个高峰时段，而晚上的排放量就比较少。因此，乡村生活污水排放具有水量较小、排放不连续、瞬时变化幅度大、随机性强等特点。

（二）乡村生活污水水质特点

我国乡村生活污水水质的主要特点有：①污水浓度低，水质变化大；②大部分污水的性质相差不大，水中基本上不含有重金属和有毒有害物质（但随着人们生活水平的提高，部分生活污水中可能含有重金属和有毒有害物质），含一定量的氮、磷，水质波动大，有机物含量高；③不同时段的水质不同；④厕所排放的污水水质较差，但可进入化粪池用作肥料。

（三）乡村生活污水处理整体现状

相对于城市，我国乡村地区面积较广，居民居住较为分散，且污水管网收集系统不够健全，基本没有污水集中处理设施，因此，乡村生活污水一般排放较为分散、涉及范围较广。在过去的几十年中，我国环境保护工作的重点是城市环境保护和重点污染源控制，乡村的环境保护工作没有得到充分的重视。住房和城乡建设部统计公报显示，截至

2016 年，我国城市污水处理率已达 93.44%，县城的污水处理率达 87.38%，而仅有 20% 的行政村对生活污水进行了处理。而仅有的这 20% 拥有污水处理设施的行政村分布也极不均匀，对于浙江、上海等发达省市，乡村污水处理设施覆盖率已达到 90% 以上，对于西部欠发达地区，少有乡村建设污水处理设施。

在我国广大农村区域，家庭卫生设施还非常欠缺，公共集中处理设施也非常不完备，采用简易厕所或无厕所的情况都很常见。2016 年，通过"厕所革命"，乡村卫生厕所普及率已达到 80.3%，但仍有大量的旱厕在使用，卫生环境非常差。

（四）典型省市乡村生活污水处理现状

1. 浙江省

课题组于 2018 年 12 月 5～6 日赴浙江省调研乡村建设情况，对浙江省的乡村污水处理状况总结如下。

浙江省农村生活污水治理工作开始得比较早，始于 2003 年的"千村示范、万村整治"工程。2014～2016 年，实施农村生活污水治理三年行动。经过 3 年的努力，截至 2016 年，全省农村生活污水有效治理村镇覆盖率从 2013 年的 12% 提高到 90%，农户受益率从 2013 年的 28% 提高到 74%，基本实现全省规划保留村生活污水有效治理全覆盖。

浙江省发布《农村生活污水处理设施水污染物排放标准》等 10 余项乡村污水治理相关的标准和导则。建立了"县级政府为责任主体、乡镇政府为管理主体、村级组织为落实主体、农户为受益主体、第三方专业服务机构为服务主体"的"五位一体"设施运行维护管理体系。确定乡村污水处理设施维护运行中各方责任，确保乡村污水处理设施得到有效管理，持续良好运行。

2. 上海市

课题组于 2018 年 12 月 3～4 日赴上海住房和城乡建设委员会、松江区小昆山镇镇政府和崇明区区政府进行了座谈与调研，并对松江区和崇明区部分其他乡镇进行了实地走访，在此基础上完成上海市乡村生活污水处理、生活垃圾处理及能源利用现状调研报告。

根据 2016 年普查结果，上海乡村已实现 100% 集中供水，污水处理率为 60%，水冲厕所 100%，配套处理设施约 3000 座。

上海地区农村生活污水处理出水水质标准按照《上海市农村生活污水处理设施出水水质规定（试行）》执行。目前上海已实施污水处理的居民户中，纳入市政污水处理系统的比例为 20% 左右，其他则采用就地处理的方式。在技术方案选择时，按照"因地制宜、简易实用、水质稳定、经济可行"的原则，结合实地情况和出水标准，充分进行比选，合理选用适宜的工艺技术方案。

上海市采用稻田养蟹–氧化塘水循环系统，稻田养蟹的污水进入氧化塘进行净化，出水回到稻田循环利用，既节约了水资源，又解决了稻田排水的问题［图 2-24（a）］。崇明区陈家镇花漂村，全村居民 1700 户，有一个小型的污水处理示范设备［图 2-24（b）］，该设备处理能力为 45t/d，能处理大约 150 户的污水，为一体化污水处理设备，污水出水可达到《上海市农村生活污水处理设施出水水质规定（试行）》的 1 级 A 标准，出水直接排入周边河道。花漂村污水处理管网和处理终端的建设费用为 1.8 万元/户，运行费用约为 280 元/（户·a）。

(a)　　　　　　　　　　　　　　(b)

图 2-24　上海市的稻田养蟹–氧化塘水循环系统（a）和一体化污水处理设备（b）

3. 山东省

课题组于 2019 年 4 月 17 日赴山东省进行乡村调研，对山东省的污水处理状况总结如下。

2016 年以来，全省累计新改厕 1000 多万户，出台《关于深入推进农村改厕工作的实施意见》《关于加快建立长效管护机制深入推进农村"厕所革命"的通知》，制定了《山东省农村无害化卫生厕所改造考核验收办法（试行）》，建立起覆盖建设、管护、认定等环节的政策体系。厕所改造后，改为水冲厕所，污水流入化粪池进行初步处理（图 2-25），然后由专业公司收集转运处理。

图 2-25　山东省的厕所粪污化粪池处理系统

除厕所废水外，其他生活污水，包括洗菜、做饭、洗漱、洗浴、洗衣废水，依乡村基本情况，分情况处理。对于距离城镇污水管网近的乡村，污水纳入管网处理。试点示范的乡村，有财政支持，已铺设污水管网，污水集中处理。资金能力不足的乡村，无力建设污水处理设施，洗菜废水用于灌溉；一般家庭无淋浴设施，洗浴依靠公共洗浴场所，所以乡村污水难以形成持续稳定的污水流量。山东省乡村的自来水覆盖率已达到 90%以上，但很大一部分农户保留有水井，部分农户为节约水费，饮用、做饭用自来水，洗浴、洗衣用井水。

4. 北京市

对北京市的污水处理现状调研采用文献调研的方式进行。

根据 2013～2017 年历年《北京市水务统计年鉴》的统计结果，北京市农村生活用水年用水量分别为 1.4 亿 m^3、1.15 亿 m^3、1.06 亿 m^3、1.09 亿 m^3、1.26 亿 m^3。2014 年，北京市农村生活污水排放量为 7506 万 m^3，占全市污水排放总量的 5%左右。

截至 2014 年，北京市行政村 3938 个，有 638 个村污水通过中心城新城或镇级污水处理厂收集处理，有 479 个采用单村污水收集模式处理，有 212 个采用分散污水收集模式处理，有污水处理的村占行政村总数的 34%。

（五）乡村生活污水处理技术现状

本书对乡村污水处理应用较多的技术工艺，包括传统活性污泥、A^2O、AO、MBR、生物接触氧化、土地渗滤、人工湿地、沼气池、化粪池、一体化设备等，从适应进水特点、出水水质、适应污水处理规模、投资费用、运行管理、应用状况等多方面进行对比分析，为乡村污水处理技术工艺选择提供参考（表 2-6）。

表 2-6 乡村污水处理工艺对比分析

对比项目	传统活性污泥	A^2O	AO	MBR	生物接触氧化	土地渗滤	人工湿地	沼气池	化粪池	一体化设备
适应进水特点	抗冲击负荷能力较强，连续进水	抗冲击负荷能力较强，连续进水	抗冲击负荷能力较强，连续进水	抗冲击负荷能力较强，连续或间歇进水	抗冲击负荷能力较强，连续或间歇进水	进水污染浓度不宜过高，应先进行预处理，连续或间歇进水	进水污染浓度不宜过高，应先进行预处理，连续或间歇进水	连续或间歇进水	连续或间歇进水	依设备工艺类型
适应污水处理规模	大中型污水处理厂	大中型污水处理厂	大中型污水处理厂	中小型污水处理厂、污水处理站	中小型污水处理厂、污水处理站	中小型污水处理厂、污水处理站	中小型污水处理厂、污水处理站	中小型污水处理厂、污水处理站	污水处理站、家庭污水处理设施	小型污水处理设备
出水水质	有机物处理能力强，技术成熟，氮、磷处理能力不足	能有效去除有机物、氮、磷等各种污染物，出水水质稳定，技术成熟	能有效去除有机物、氮、磷等各种污染物，出水水质稳定，技术成熟	能有效去除有机物、氮、磷等各种污染物，出水水质稳定，技术成熟	能有效去除有机物、氮、磷等各种污染物，出水水质稳定，技术成熟	能有效去除氮、磷	能有效去除氮、磷	出水水质受季节、温度影响大	能有效分解有机物	依设备工艺类型
投资费用	建设成本 0.1 万～0.6 万元/t，运行成本 0.5～1.1 元/t	建设成本 0.87 万～1.35 万元/t，运行成本 1.1～1.3 元/t	建设成本 0.6 万～1.5 万元/t，运行成本 1.1～1.8 元/t	建设成本 1.5 万～1.79 万元/t，运行成本 2.5～4.87 元/t	建设成本 0.36 万～1.55 万元/t，运行成本 0.4～3.3 元/t	建设成本 0.05 万～0.2 万元/t，运行成本 0.1～0.2 元/t	建设成本 0.02 万～0.1 万元/t，运行成本 0.1～0.2 元/t	产沼气，有经济效益	建设成本 0.01 万～0.1 万元/t，运行成本几乎为 0	成本依设备工艺类型而定，但因自动化程度高，建设费用一般较高

对比项目	传统活性污泥	A²O	AO	MBR	生物接触氧化	土地渗滤	人工湿地	沼气池	化粪池	一体化设备
运行管理	需专业人员管理维护	需专业人员管理维护	需专业人员管理维护	需专业人员管理维护	需专业人员管理维护	管理维护较容易	管理维护较容易	需专业人员管理维护	管理维护较容易	日常维护简单，但出问题时需专业人员维修
其他特点	由于氮、磷处理能力不足，出水不宜直接排入水体，可灌溉或进湿地等进一步处理	需要一定的处理规模，至少达到1万t/d	需要一定的处理规模，至少达到1万t/d	需定期换膜，后期运行维护费用较高	建设费用较传统污泥处理、A²O、AO工艺低，占地较少，产生污泥较少	适于进水污染程度低的水质，占地面积大	适于进水污染程度低的水质，北方冬季处理效果不佳，南方应用效果优于北方，占地面积大	受气候和季节影响	建造成本低，运行维护简单	通常为自动化运行，定期由专业人员维护检修
应用状况	适用于人口密集、经济发达的地区	适用于人口密集、经济发达的地区	人口密集、经济发达的地区应用，如北京的通州区	经济发达、生态要求高的地区应用，如北京怀柔区	较少	较多	较多	部分地区应用较多，如重庆的乡村，应用规模仅次于化粪池	很多	较少

注：A²O指厌氧-缺氧-好氧脱氮除磷工艺；AO指厌氧-好氧脱氮除磷工艺；MBR指生物膜污水处理工艺。

乡村污水处理工艺的选择应根据当地的处理规模、水质特性、受水体的环境功能、当地的实际地理环境情况及要求，经全面比较后决定。总的来说，乡村生活污水治理要从实际出发，因地制宜采用合适的处理工艺。应综合考虑受纳水域功能要求、经济发展水平、气候条件、人口密度、污水排放标准、常住人口和农民的实际需求，选择适宜的技术工艺。经过分析，我们在乡村污水处理工艺选择中，给出了一些建议，认为对于居住分散、污水量不大、经济水平较低、专业化队伍建设不完备的地区，适宜使用化粪池、人工湿地等建设成本低、维护管理简单的技术工艺；对于经济条件好、有专业化队伍、对水质要求较高的生态涵养区的地区，适宜使用 MBR 等出水水质好的技术工艺。对于人口集中、污水量较大、经济条件好的地区，适宜使用 AO、A²O 和传统活性污泥等城市污水厂常用的成熟技术工艺。

三、乡村垃圾处理现状

（一）乡村垃圾产量及特点

乡村人均垃圾产量普遍低于城市，中国农村生活垃圾产生率为 0.034～3.000kg/（人·d），中位值为 0.521kg/（人·d），2014 年产生总量为 1.48 亿 t。

当前，在中国农村地区，生活垃圾的来源主要有以下几个方面。

1）餐饮来源。主要是日常餐饮产生的过剩食材，包括变质丢弃食材，如剩饭菜等；加工丢弃食材，如菜叶、菜皮、菜梗、鸡蛋壳等；消费副食品产生的残余物，如果皮、果核等。

2）消费产生的包装等残余物来源。家庭生活所需物品的包装物，包括包装塑料袋、纸盒、玻璃瓶、易拉罐等；日常生活中产生的剩余物品，如烟头、过期药品、燃煤（柴）灰渣；日常生活因个人卫生所需，使用后丢弃的物品，包括尿不湿、卫生巾、湿巾、卫生纸等。

3）生活用品淘汰来源。日常生活用品废旧、损坏、更新过程中淘汰下来的物品，包括旧衣物、废电池、废弃的小型电子产品、儿童玩具等，但不包括大型家具、家电以及其他大型电子产品等物品。

4）清扫来源。家庭室内、室外，村镇公共区域清扫产生的垃圾。

5）农业生产来源。农业生产过程中产生的少部分生产资料包装物（农膜、农药包装袋/瓶等）、作物秸秆、畜禽粪便、产业经济附属产品等。

与城市生活垃圾组分相比，乡村生活垃圾具有低厨余和金属、高灰土含量的特点，并逐渐趋于城市化。这主要是由于在中国广大农村地区，工业和塑料制成品消费的增加，使农村生活垃圾组成复杂，而且组分特征日趋城市化；农村居民生产与消费模式的变化，使农村生活垃圾传统的循环途径日渐萎缩，如农户传统的庭院养殖萎缩，有机垃圾就地消纳的方式逐渐消失，也使农村生活垃圾中厨余含量增大；秸秆回田的减少和煤块燃料的普遍使用，也成为灰土等无机垃圾产生的主要来源；此外，电子产品的使用和淘汰，农村医保的兴起，农药的普遍使用也造成了电子废物、过期药品和农药瓶/袋等有害垃圾在生活垃圾中频频出现。

现场调研和文献调研结果表明，农村生活垃圾产生率总体上呈现北方高于南方，东部高于西部的特点，北方和东部经济较发达地区产生率最高，西南和西北经济欠发达地区产生率最低，这主要是受各地社会经济发展水平、燃料结构、生活习惯等因素的影响。不同地区村镇与对应城市的生活垃圾组成同样存在差异，相同行政区域城市与村镇生活垃圾组分差异相对略小。

（二）垃圾处理整体现状

全国城市共有生活垃圾无害化处理场（厂）940座，日处理能力62.1万t，城市生活垃圾无害化处理率96.62%。乡村生活垃圾治理工作2014年启动，2014年全国乡村生活垃圾处理村庄覆盖率为38%，2016年达到65%。关于乡村生活垃圾治理，国家设立了验收机制，上海、江苏等地已通过验收。

截至2018年底，全国排查出的2.4万个非正规垃圾堆放点中，47%完成了整治任务，仍有大量的垃圾堆需要清理。

（三）典型省市垃圾处理现状

1. 浙江省

浙江省的农村垃圾治理是2003年提出的，基本策略是"户集、村收、镇转运、县处理"，对于山区、海岛交通不便地区，垃圾就地处理。垃圾处理基本原则是减量化、无害化、资源化。垃圾分类，厨余垃圾留在村里处理，很多地区，如德清、安吉等的农村，配置有小型堆肥设备，将厨余垃圾变成肥料回用于农业，其他不能堆肥的垃圾运到县城处理，并提倡垃圾焚烧发电。

浙江省的乡村生活垃圾集中收集有效处理建制村已 100%全覆盖，11 475 个村实施生活垃圾分类处理，占建制村总数的 41%。全省现有农村保洁员 6 万多名，配置清运车 6 万多辆，建设机器快速成肥资源化处理站 1800 多个，建设太阳能沤肥房 2.3 万间，2017 年全省各级投入农村垃圾治理经费 26 亿元。目前绝大多数建制村已实现保洁队伍、环卫设施、经费保障、工作制度"四个到位"，基本实现了收集处理建制村全覆盖，初步建立起了覆盖城乡、运作规范、利用高效、处理彻底、保障有力的农村生活垃圾集中处理体系。

浙江金华垃圾分类，采取"四类两分"法。第一次分类农户完成，将垃圾分为"会腐烂"和"不会腐烂"两类，村保洁员在此基础上，进行二次分类，分为"能卖的"和"不能卖的"垃圾。"会烂的"留在村里堆肥，"能卖的"回收利用，其余的运到县城处理。

2. 上海市

上海市全面启动了乡村垃圾分类体系建设，生活垃圾都是集中处理或部分集中处理。上海乡村垃圾处理覆盖村庄基本达到了 100%。图 2-26 是上海市陈家镇花漂村垃圾分类回收站，采用积分兑换等多种形式鼓励村民主动进行垃圾分类回收。

图 2-26　上海市陈家镇花漂村垃圾分类回收站

上海市加大了农村地区的生活垃圾处理投入。在浦东、金山两区建成 2 座焚烧厂，在崇明区建成 2 座卫生填埋场，在青浦、嘉定两区建成 2 座综合处置厂，在松江、奉贤两区开工建设焚烧厂，累计投入建设资金 39.84 亿元。完成 38 座压缩式中转站建设，累计投入资金 2.2 亿元。建成覆盖所有行政村的农村生活垃圾收集系统，累计投入资金 2.58 亿元。配备农村保洁员 22 237 名，每年度市级财政下拨补贴资金 1.06 亿元。

3. 山东省

自 2014 年起，连续三年实施城乡环卫一体化行动，推动城市生活垃圾处理向农村延伸，形成了运行成熟的"户集、村收、镇运、县处理"城乡环卫一体化垃圾处理模式。2016 年首批通过国家农村生活垃圾治理全覆盖验收。淄博市博山区、枣庄市中区、邹城市、肥城市、费县、冠县、郓城县入选全国农村生活垃圾分类和资源化利用试点。

四、乡村人居环境存在问题总结

总的来说，目前乡村人居环境存在的问题主要是污水和垃圾处理率低、人居环境较差。主要特点和原因如下。

1）污水直接排放现象仍普遍存在。乡村地区由于长期缺少监管，污水未经处理，直接排放现象普遍存在，对生态环境造成严重破坏。

2）我国幅员辽阔、地域差异大，污水治理策略无法照搬，治理难度大。由于全国各地经济条件不同、环境容量不同、人口分布不同，不同地区乡村需采取不同的治理策略，因地制宜地制定地区污水排放标准，选取合适的污水治理模式和技术工艺。

3）污水处理设施建设和运行费用高，资金缺口较大。污水处理设施建设和运行费用高，但目前我国乡村污水处理设施建设和运行维护，主要是各级政府直接投资，资金缺口较大。浙江省在 2014～2016 年，对于农村污水处理，省级财政投入 100 亿元，此外还有县级财政投入，可见乡村污水处理设施建设和运行维护需要的资金投入之大。

4）乡村缺少污水处理设施运行维护专业技术人才，设施停滞率高。北京市的 1071 座乡村污水设施，只有 674 座处于运行状态，设施运行率仅为 63%。处于未运行状态的绝大部分设施是因为存在设备故障。由此可见，污水处理设施的有效管理维护，是至关重要的。而乡村地区严重缺少污水处理设施运维管理的专业技术人才，设施的监管维修跟不上，导致设施处理效率低下，甚至停滞。

5）"厕所革命"未完成，大量旱厕仍在使用，卫生环境差。2016 年，乡村卫生厕所普及率为 80.3%，但仍有大量旱厕在使用。

6）垃圾堆清理工作未完成，河道、村头垃圾成堆现象仍大量存在。截至 2018 年底，全国排查出的 2.4 万个非正规垃圾堆放点中，47%完成了整治任务，仍有大量垃圾堆需要清理。

7）垃圾混合排放导致垃圾清运量大，财政负担重。目前，绝大部分乡村垃圾都是未分类、混合排放的。100 个农村生活垃圾分类和资源化利用示范县（市、区）中，只有 58%的行政村启动了垃圾分类工作。垃圾混合排放，大量可腐烂垃圾不能就地堆肥处理，可回用的垃圾不能回收利用，且大大增加了垃圾的清运量以及县垃圾处理厂的垃圾处理量，严重增加财政负担。

8）乡村环境治理相关法规和制度欠缺。目前仅有 11 个省市制定了乡村污水地方排放标准。有关乡村垃圾收集处理的法规还很少，有关污水排放、垃圾排放的奖惩制度还没有建立。

第六节　乡村建设现状总结

一方面，乡村建设取得了很好的成绩。

第一，乡村绿色规划设计已有良好基础。乡镇总体规划覆盖率达到了 73.3%，乡村规划内容涵盖镇规划、乡规划、村庄规划、村庄布点规划等。村落特色建设已经成为乡村振兴事业的高度关注点,2003 年建设部和国家文物局开始组织评选和公布中国历史文化名村;2012 年住房和城乡建设部、文化部、财政部开始公布中国传统村落名录;2018年中央农村工作领导小组办公室在《乡村振兴战略规划(2018—2022 年)》中提出特色保护类村庄,包括历史文化名村、传统村落、少数民族特色村寨、特色景观旅游名村。初步建立了覆盖乡村规划编制、审批、实施的基本制度。

第二,乡村居住条件持续改善,人均住宅面积不断提高。农房建筑总规模不断攀升,2016 年末村镇住宅面积达 256.1 亿 m^2,较 2008 年增幅 12.72%,农村人均住宅建筑面积由 1978 年的 8.1m^2 上升至 2019 年的 33.56m^2。截至 2016 年,10 年内农户住房中钢混结构占比提高 6.5%,砖混结构占比提高 17.8%,结构安全性获得一定程度的提高。截至2019 年 3 月,完成农村地区建档立卡贫困户危房改造 600 多万户,有效满足了中低收入群众的住房需求。陆续出台规范和图集等指导文件,如《中共中央 国务院关于实施乡村振兴战略的意见》《住房城乡建设部办公厅关于印发农村危房改造基本安全技术导则的通知》《乡村振兴战略(2018—2022 年)》《住房和城乡建设部办公厅关于开展农村住房建设试点工作的通知》等。

第三,能源结构日趋合理,能源利用效率逐步提升。清洁能源利用逐步增加。全国农村已完成沼气工程 27 万个,年产气量为 145 亿 m^3;建造太阳能热水器(太阳能接收面积)0.86 亿 m^2,太阳房 0.26 亿 m^2,太阳灶 228 万台;建造生活污水净化沼气池 19.2万个。开展农宅节能改造,提升能源利用效率。2009~2015 年,北方地区连续七年开展农村建筑节能工作,累计完成了 120 多万户的农房节能改造。乡村人居环境治理已覆盖全国,部分省市成效突出。截至 2016 年,全国有污水处理设施的村庄比例为 20%,全国乡村生活垃圾处理率已从 2014 年的 38%提高到 2016 年的 65%。浙江省的乡村污水处理设施覆盖率已达到 90%,生活垃圾处理乡村覆盖率 100%。上海市生活污水处理乡村覆盖率达到了 60%,垃圾收集处理乡村覆盖率 100%。

但另一方面,乡村建设也还存在诸多问题。

我国地域广阔,乡村天然资源禀赋、经济水平、空间布局各不相同,目前从乡村建设规划、绿色建造推进、能源和基础设施建设上,缺乏统筹和顶层设计。一些乡村的基础设施和共用设施建设水平亟待提高,特别是农房建造缺乏相关的管理体系,自主建造模式导致质量不可控,抗震和热工等性能欠佳。乡村能源结构不合理,可再生能源利用较少。乡村污水和垃圾处理率低,法律法规不健全,污水和垃圾治理资金缺口大,乡村人居环境有待提升改善。

第三章 国外乡村建设先进经验

第一节 乡村建设概述

在乡村建设方面，北美洲、欧洲和东亚等区域国家的经验和教训值得借鉴，如德国城乡要素自由流动使得乡村角色发生转型，形成了"后乡村时代"；美国特别重视乡村社会的生态环境保护，大力建设保护环境的公用基础设施，并引入市场经济的金融保险业务来控制和引导乡村建设；韩国在 20 世纪 70 年代通过"官民一体"的"新村运动"，在二三十年的时间里完成了农业农村现代化的转型，"新村运动"不仅改变了农村面貌，也大大提高了农民的素质；日本在第二次世界大战（二战）之后，由政府主导发起延续乡村文化价值的"造村运动"，其中"一村一品"的模式充分挖掘地方特色，开发特色产品，振兴区域经济发展，经常被其他国家及地区模仿借鉴。这些经验和模式都可以为我国乡村建设提供有益的思路。

第二节 乡村建设绿色规划设计

世界主要发达国家普遍重视乡村建设规划设计。其中德国、英国、日本等富有传统农耕文化的发达国家乡村建设规划设计经验对我国具有较高的借鉴价值。

一、乡村空间布局

在西方当代乡村问题研究语境中，纯粹的"乡村聚落"空间定义和"城–乡"之间的界限近年来随着全球化和城镇化进程而愈加模糊化。例如，哈佛大学布伦纳（Brenner）等学者对以城乡人口比例表述"城镇化率"的传统定义提出质疑，认为今天仍沿用 20 世纪 50 年代提出的通过城镇人口比例来衡量城市化程度的表述已不足以涵盖当今城镇化进程的准确含义（Brenner，2014）。布伦纳认为，目前空间、要素都与城镇化进程密不可分，如未被纳入传统"城镇化率"统计的乡村地区，甚至无人定居的沙漠和海洋等地区，也能通过能源开采、常态的航运活动与"城镇化"紧密联系。该理论近年来在西方学界引起了巨大的反响，并开始推动人居学科对"城镇化"和"乡村发展"问题在研究假设、对象、视角层面的转变。2010 年以来，西方学界普遍开始反思"人口城镇化"的传统定义，相应提出了"全球城镇化"（Brenner，2014）、"后乡村时代"（Pretterhofer *et al.*，2010）等一系列具有革新意义的理念。长期以来，欧盟国家的乡村空间公共资源配置也在相当程度上受到中心地理论（沃尔特·克里斯塔勒，2010）的影响。例如，德国乡村地区基础设施和服务设施的规划主要基于传统的"垂直构架"的乡村规划、投资和发展体系，旨在通过纵向等级组织，将公共服务和生活基础设施在全国范围内按人口等级进行有效分配，通过定义重点城镇、重点村，加强该区域发展的空间组织和带动作用，最终实现城乡资源合理配给。然而，德国乡村发展历程表明，政府的公共财政按照"村镇体系"进行高强度的、均等化的基础设施和公共设施投入并不能有效解决农村地区社会经济的衰败。在当代德国的现实情境中，尽管大量"乡村地区"在人口统计和风貌上仍和"城镇地区"具有较大差别，但由于基础设施、数字化设施和公共服务的建设完善，以及高度的老龄化和空心化，乡村居民聚居点与其周边农地的功能性关系日益疏远，一种新的、明显有别于传统城镇或乡村的生活模式已逐渐形成。乡村社会结构不断变化也带来了高度多元化的乡村居住人口，不同群体的诉求又相应表现出新的空间需求和布局逻辑，逐渐呈现空间分散化、居住层次分异化且地方文化显著多元化的趋势，形成了与全球化网络紧密关联的"空间碎片"。这一新时期被德国学者定义为"后乡村时代"（Pretterhofer et al.，2010），相关研究应运而生。在"后乡村时代"，德国规划界"自下而上"地甄别乡村发展动力，整合资源吸引市场力量，为德国乡村空间发展提供重要的补充路径。例如，近年来一种跨越"自上而下"的行政等级、旨在构建灵活而开放共享的"资源–网络"发展模式初见成效。又如，2014 年德国图林根州颁布了 2025 年全州发展规划，一方面仍然维持了传统"中心地"纵向资源分配体系；另一方面，全州发展规划也积极鼓励超越行政边界和部门事权的各级地区的合作发展新体系。在这个体系中，人口规模和行政等级不再是资源分配的绝对标准，而是依照地方发展意愿、各发展参与主体对地方自然与人文资源的理解来强化区域网络构建，同时也大大提高了申请与之匹配的发展基金支持，这种新规划方式减少了乡村总体"收缩"背景下依托垂直构架的低效财政投入，提高了乡村聚落空间布局优化的灵活性，被评估认为更适应"后乡村时代"的德国乡村聚落空间布局优化发展。英国乡村聚落空间发展也经历了类似发展历程，由于国民浓厚的乡土情感、战后交通和通信技术进步，乡村地区开始迎来了一轮人口回流的浪潮。英格兰乡村保护委员会（1992 年）声称，战后到 1990 年的 45 年中，有相当于整个国土 6%左右的农村土地被购置并"城市化"。然而，新的回流人口难以完全维持过去传统乡村生活方式（Cherry and Rogers，2003）。与欧洲类似，日本也正面临着由于人口回流而带来的乡村空间新变革，尽管长期以来日本山地乡村也探索人口收缩的乡村聚落空间布局优化发展路径，但 2000 年以来，部分 30～40 岁的中青年人开始向乡村迁移，其中不乏受过高等教育的城市人口在农村地区寻求自我价值的实现（Susanne，2016），日本政府也在积极探索应对这一趋势的公共政策。从德国、英国、日本等富有传统农耕文化的发达国家山地乡村发展经验来看，"整体收缩"和不同程度的"要素回流"是在上述国家乡村所体现的共同特征，它一方面导致乡村人口结构发生了巨大的变化，另一方面也使得乡村空间的主导发展力量不再是单纯的农业人口组成的农村社区，而呈现更为多元化、复杂化的特征。尽管还没有形成大规模的城镇人口回流，但资金、资源向乡村的回流在我国已经明显出现。因此，将"收缩"和"回流"两对看似矛盾、实则统一的趋势和关系纳入乡村聚落空间布局优化的理论和方法来考量，这是一个具有新时代意义的重要议题，对我国乡村振兴战略的实施具有积极的启示和重要的实践价值。

德国"镇村体系"布局的成功促进了城乡之间要素流动及乡村角色转型。一个时期以来，德国政府的公共财政按照"镇村体系"进行高强度、均等化的基础设施和公共设施投入，特别是数字化设施和公共服务建设不断完善，逐渐促生了一种新的、明显有别于传统城镇或乡村的生活模式。城市要素向乡村的逆向迁移，带来了资金和新的就业机会，乡村居住人口的多元化使得原有的乡村社会结构发生了变化，产生新的空间需求和布局，呈现多元化的趋势，形成与全球化网络紧密关联的"空间碎片"。这一新的阶段被德国学者定义为"后乡村时代"。

二、乡村风貌

从乡村风貌保护与传承的国际经验来看，英国的乡村风貌特征鲜明，德国的农村建设成绩斐然，他们的农村建设规划管理成熟。通过对比研究英国北艾尔郡、爱尔兰梅奥郡和德国巴伐利亚州乡村建设风貌管理的成功经验，发现他们的成功经验主要有如下几个。①体系化管理。将乡村建设风貌的管理与已有地方规划管理政策相结合。特别是与地方经济发展、社会发展等规划管理相结合。②通则与具体案例相结合。每个项目的建设要求都包括基本要求和特殊要求。③重视管理程序。拥有完善的管理程序，以及每一程序的详细要求。④有完善的设计导则（图3-1）。这三个地区都针对其实际情况制定了相应的设计导则。

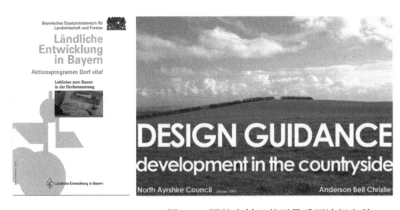

图 3-1　国外乡村风貌引导重要法规文件

（一）英国北艾尔郡村庄建设风貌营造的成功经验

英国北艾尔郡发展设计导则包括概述、地方特色、设计引导与规划过程四部分，并已正式纳入其地方规划法规的补充文件。

概述部分主要阐明了导则编制的目的、与相关规划政策的关系以及对导则本身结构的简要介绍；第二部分主要是村庄地方特色的总结，包括村庄建筑、地域线性空间以及小型空间单元三个方面，如图3-2所示；第三部分是整个文件的主体部分——设计导则。

设计导则从选址、种植与边界、通道与停车、单体建筑、小型建筑组合、建筑材料、建造细节7个方面进行导引与控制。通过图文结合、正反对比使导控要素明确、重点突出、可读性高、操作性强，便于当地居民理解接受。

图 3-2　北艾尔郡地方特色提取示意图

另外，设计导则也对实施关键问题，包括可能出现的问题、保持地方特色以及材质立面三个方面进行了进一步说明。

设计导则最后部分对其在实际操作中的使用方法、具体操作过程等以要点列举的方式进行了简要的说明，并辅以样例。

（二）爱尔兰梅奥郡村庄建设风貌营造的成功经验

梅奥郡的村庄住宅设计导则是以住宅为引导控制主体的导控文件，编制的目的包括鼓励采用传统建筑形式、尺度与材料，保护重要的景观与环境资源以及提高环境的可持续性等。并由住宅选址、路径与入口、住宅形式、住宅建造与细节、材料、环境的可持续性、住宅规范与申请方式八个部分组成。

设计导则通过图示列举鼓励采用适宜建设形式，并辅以实例图片与文字说明（包括围墙高度、石材大小等）对具体做法进行引导，通过绩效性导则与规范性导则共同保障规划设计的实施管理。

（三）德国巴伐利亚州农村建设风貌营造的成功经验

德国巴伐利亚州农村建设的指南是针对农村建筑建造导控而编制的。分为简介、指导个案（历史建筑改造、新建筑建设、庭院和车道等）、（导控）要素目录、参考书目、案例分析等几个部分，其中指导个案主要是对该指南适用的范围、项目等进行阐述，指南的主体部分是（导控）要素目录，主要涵盖了建设、改造等规划设计行为中受到该指南引导控制的要素、方法与形式等。

该指南以图示和简单说明的方式将鼓励的风貌要素形式与指南认为不适于该地域的风貌要素形式进行对比说明，简洁明了，可读性、操作性强。与其他几个案例不同，该指南在每个或每一组风貌控制要素后，都辅以导控自查的部分，如对控制要素"窗"的导控自查如下。

1）本地对于窗户的开启设备、颜色等是否有其他特殊要求？

2）是否可以把历史建筑的窗户细节特征尽可能保留？

3）不规则的窗户是否可以通过窗户所在立面的改造将其规整，提高其与周边环境的协调度。

针对引导控制的主体不同，以上案例内容的涵盖广度有所不同，如英国案例与德国巴伐利亚案例的引导控制主体层次更加复杂，内容更为丰富，而爱尔兰的设计导则仅仅是针对村庄住宅建设的；但三个案例的导控目的是基本一致的，即在村庄发展更新、建设、改造过程中合理地传承传统风貌特征，使村庄发展与周边已有自然环境、历史文化环境协调等。这些导则具有以下几个共同的特点，值得借鉴。

1）提取有限的重点控制要素，突出导控重点。

2）针对重点导控要素列举有限控制形式，提高导则的可操作性。

3）通过导则鼓励的要素及形式的组合，使风貌控制与建设多样性并存。

4）导控形式以清晰的图示表达配以简单的文字说明，提高导则的可读性。

三、乡村适用技术

国外有关适用技术的研究较多。法国哲学家雅克·埃吕尔（Jacques Ellul）在 1954 年首次提出了适用技术这一概念，1975 年印度学者阿穆尔亚·雷迪（Amulya Reddy）对"适用技术"理论做了比较全面的阐述，目前流传最广、影响最大。随着全球生态问题的凸显以及可持续发展思想的影响，国际上新的适用技术理论也在不断被提出。比较有影响的理论还包括英国经济学家 E. F. 舒马赫（E. F. Schumacher）提出的"中间技术"（intermediate technology）理论，英国学者 D. 杰克逊（D. Jackson）提出的"替代技术"（alternative technology）理论和日本学者星野芳郎提出的"多样性技术"（diversity technology）理论。

四、乡村建设人才培养

当前，世界各国十分重视乡村人才的培养。各个国家均在发挥高等学校"科研能力强、学术水平高、师资力量雄厚"等人才培养优势，培养各自需要的各种乡村人才。在美国，有许多农业类的高校专门设立推广部，针对不同培训对象的特点，开展全日制、半日制、傍晚或周末班等多种形式的培训班，采用网络教育或者现场教学等多种方式，为乡村发展培养专业人才。例如，普渡大学农学院的推广部每年预算是 1880 万美元（联邦政府提供 34.2%、州政府提供 29.5%、地方提供 25.9%、其他方面提供 10.4%），近年来为乡村的发展培养了大批的专业人才。在日本，许多高等学校积极开展农村职业教育，通过直接开展培训工作或者协助各地培训机构培训人才，帮助农村青年学习农业科技知识，提高技术水平。泰国政府也积极鼓励高等农业院校开展培养农业人才的课程为乡村地区发展服务，鼓励高校为农村地区的农业技术推广事业提供科技信息和服务等支持。

总体来看，国外乡村建设规划设计先进经验有如下方面。

1）政府全方位主导乡村规划设计，"一张蓝图干到底"。政府颁布系统完善的乡村规划设计编制技术导则和要求，实行严格的乡村规划审批程序，监督乡村规划的实施。

2）注重培育特色乡村。国外着力塑造了一系列具有内生活力的特色乡村。例如，日本岐阜县大野郡白川村，当地人因地制宜，就地取材，整座房屋不使用一根钉子固定，屋顶也是用茅草覆盖而成，这种"合掌造"房屋建造始于 300 年前，一直传承至今，独具特色。以木梁组成类似山的形状的屋顶，是日本独有的建筑形式。从外观看上去就如双掌合上的感觉，所以被称为"合掌造"建筑。"合掌造"建筑遍布日本各地，但白川乡的特征就是屋顶两边就如打开书本一般的三角形，是为了在有大量积雪时，能自然地卸掉重量，不用压坏屋顶。加上屋顶是面向南北建成，这样的设计可减轻风阻、增加日照量，具有冬暖夏凉的效果。"合掌造"建筑跟一般住宅最大的差别就是屋内顶部的空间通常都是用作工作用途。白川乡一直坚守着"结"之心的信念。"结"即是互相扶持、守望相助的精神。白川乡四面环山，是有名的多雪地带，冬季道路基本上都会因狂风大雪而变得不能通行及与世隔绝，若大家不互相帮助、分享食物，就无法生存下去。村民至今仍坚守着"结"的守望相助精神，这点可从修葺屋顶看出来。修葺一次屋顶需要许多人手负责不同岗位，有的搬运茅草，有的修整屋顶，有的准备丰富的料理供大家食用，因此依靠一家人的力量没有办法在短时间内完成。村民也借此希望能教育下一代人，令互相扶持、守望相助的精神得以延续下去。

3）乡村规划设计人才配备齐全。国外发达国家一般都有着完备的乡村规划设计、审批、监督专业人才。乡村规划专业人才全覆盖编制、审批、实施三大环节。乡村规划专业人才培训模式多元化，包括全日制、半日制班等。

第三节　乡村建设绿色建造与施工

一、企业为乡村农房建造提供全过程、专业化服务

发达国家农村与城市居民收入差距不大，农村居民普遍对农房有多方面要求，要求既要保证建筑的经济性、实用性与舒适性，又要与当地风貌融为一体，还关注文化传承与传统风貌营造（图3-3）。农村建房多委托专业的建造企业营建，如日本松下房屋建造公司，可以为业主提供全面的设计、生产、安装、装修和维护等全方位的技术服务。在设计阶段与业主充分沟通、反复确认，确定设计方案；根据方案生产构建并对构建编号（图3-4），同时进行地基基础施工；生产完毕后运输至现场并进行安装；对整体住宅提供维护服务，构建全部可追溯，维修便利。

国外乡村农宅的建造已基本与城市同步，在自然环境保护和人文环境营造方面的管制甚至比城市还要苛刻，呈现如下趋势：①建造企业对房屋建造质量负责，服务内容逐渐延伸，甚至涉及拆除和保险等业务，打造全产业链的服务能力；②重新回归传统营建模式，关注生活环境的可持续循环；③建造过程中，注重维护村庄自然生态环境，实现建筑与周边环境的和谐；④现代技术手段做本地化改良，减少对资源能源的消耗。

图3-3　日本与韩国农宅

图 3-4　日本住宅构件生产车间及施工现场

以美国为例，美国的城市建设虽然已经非常发达，但相对于农村的土地面积来说却非常之小，仅占国土面积的 5%，城市建设虽然存在一定的郊区化，但城市与乡村的界限非常明确，在离大城市不远的地方，所看到的就是乡村。美国乡村建筑虽然没有多少历史文化，形态上更多的是美国人实用主义的意识形态在物质空间上的表现，但这种看似无序的建造方式，却又渗透着某种统一的秩序。美国的乡村建筑在功能配置上科学规范、建筑布局上自然而有序、建筑风貌上统一而多样，这主要是因为国家在通过一种无形的手段制约着乡村社区建筑的基本形态特征的变化发展。

美国对建筑工程质量有严格标准。首先，美国建筑行业没有全国的国家协作部门，由各州地方政府及社会系统（协会）等进行协作。在政府层面，相关部门对建筑质量监管严格。美国的《统一建筑法规》特别重视对建筑工程的监督和检查，这种监管行为主要由政府人员和专业技术人员组成，检查不分时段，没有任何舞弊的机会。美国市场很注重信誉，如果一个公司的施工出问题，就会影响今后几年的生意。市场也会促使美国建筑商恪守标准，注意选材，保证建筑质量。

美国的农房建造一般委托具有建造资质的专业施工公司进行，由专门的设计机构作为居民实现自我诉求的实施者，在地方政府规范的框架下实现村民房屋建造。政府总体的建造控制内容与村民的自我诉求实现在设计师的综合协调下得以完成，这是美国乡村建造中最为重要的环节。专业施工公司作为美国乡村建造的具体实施者，受到地方政府乡村法律条文的具体约束，作为专业规范的具体落实者和对乡村居民的工作协调者，以一个专业建造的角色在政府的公共利益与村民的自我利益之间取得空间上的协调，以最科学的建造方法为村民建造舒适安全的建筑。

对于建造材料的使用，政府的选用标准也非常的严格和苛刻，如在耐久性、耐损性方面，均有非常具体、细致的要求。在乡村公共建筑施工阶段，建筑质量通常由现场工程师具体负责监督，关键阶段会有质检员监督。而对于大型项目则另有质量检查员全天候在现场监督。对于发现的不符合要求和标准的材料和施工做法，监督人员有权责令进行质量检验，同时给予严格的惩处措施。建筑质量检测报告最终会移交给业主。在建筑施工阶段，受业主委托的工程咨询公司还可以进行验收，如果检验结果不符合规定，承建商可能拿不到工程款。而使用伪劣建材的建筑商还将面临违法指控。

总体上来看，美国对乡村房屋建造的质量监督是极为严格的，从建筑材料、建筑施工以及建筑验收都提出了明确的要求和具体的处罚，尤其对于施工公司的监督极为重视。这既保障了乡村居民的合法利益，保证了房屋的质量安全和整个乡村建造活动的规范，更加是对整个市场的规范性引导，使得乡村建筑的风格风貌能够长久保持和随时维护，乡村呈现可持续发展的态势。

美国乡村房屋建造的地下基础工程通常以水泥、钢筋为主要材料，通过现场的湿作业完成，而地上部分多是依靠工厂的预制加工，将半成型的材料通过现场的人工组装完成。在整个建造过程中，原始的砖石使用量很小，且多是标准化、体系化的工业建筑材料，如加工成型的木料和复合板材、标准化的门窗构件和屋顶瓦材，这些新型材料大大节省了人力成本，降低了施工难度，提高了运输效率。这种建造方式的产生，是由于美国当前的乡村建造体系已较为完善，高度发达的工业产业体系完全应用到了建造的各个环节，房屋被分解为若干个组件进行流水线生产，整个建筑的技术问题和组合问题也已完全解决，由此形成了成熟的建造组合体系，专业施工公司按照设计将不同的组件自由组合之后形成最终的设计目标，同时环保的建筑材料的使用又为乡村建筑的生态特征注入了新的活力，城乡之间的空间特征得以充分体现。

二、乡村建设建造质量分层次监管体系健全

地区主管部门、村民自治管理机构以及建造企业等均有各自完整的质量监管体系。农房建造的设计、生产、施工、维护和拆除均要符合所属地区和承建企业的质量管理规定。在农房建造过程中各方根据自身责任，行使权力并履行义务。各方齐抓共管，保障农村建设有序进行。

发达国家乡村建设已具备一定的经济基础，农村早已不是单纯的农业空间，为了吸引城市人"归农、归村"，农村的基础设施和住房质量与城市并无明显差距，各级监管体系完备，呈现如下趋势。

1）建造企业具备设计、生产、施工、维护及拆除全生命周期的技术服务能力及技术管理体系。

2）村民自治机构对乡村的整体环境与风貌负责，与高校等专业咨询机构展开深入合作，结合地方特色打造专业、合理的乡村风貌，为村民建房提供咨询和监管服务。

（一）日本

日本由于国土面积小，耕地资源较为紧缺，在农村住宅建设过程中十分注重对农用地的保护。日本很早就形成了较为完善的空间规划体系，从国土规划、区域规划到城市和町村规划，各个层面的规划相互协调和补充，下位法服从于上位法，上位法限定和规范下位法。通过这一完整的空间规划体系对国土开发和住房建设进行了很好的管理。同时，日本还制定了许多法律来保护农地，鼓励农房集中建设。《国土利用计划法》中明确划定了农业区域，对农地进行保护；《农地转用许可标准制定办法》详细确定了农地

转用的许可条件；《农地法》则规定农地转用必须经过许可；《农业振兴地域整备法》对农业地区的开发行为进行了严格的限定；《农住组合法》规定对于城乡结合区域的农业用地，只要超过三个农地所有人即可发起设立农住组合，进行农村住宅的全面规划、建设和管理，农地所有人还能享受相应的辅助金、福利性贷款等。

日本对于住房建设、管理，注重政府与民间团体的合作，并取得了较大的成功。日本设立了建设省住宅局，主要负责制定住宅政策，健全实施体制，确定住宅建设方案，同时推动、指导和监督民间住宅开发。日本的农村住宅注重保留传统的建筑风格和形式，一方面在于政府对传统建筑形式的管控与保护，另一方面也在于日本工匠和村民对控制建筑风貌形态的积极参与。

（二）英国

英国是土地私有的国家，大多数土地为私人所有，并且土地产权为永久所有权。但是 1947 的《城乡规划法》规定把土地的所有权与开发权分离，因此政府能够对土地和住房建设进行有效的控制和管理。

英国十分注重对乡村地区土地开发的控制，对乡村资源进行了很好的保护。政府专门划分了"绿化带"、"国家公园"和"杰出自然区景观区"三种区域，对农村土地和景观实行保护。对于一般乡村地区的土地开发和住宅建设则采用审批制度。进行住宅建设时首先要向当地规划部门申请，获得许可后才可进行建设。一般要求住宅建设不会对本地区的农村特点产生较大的影响，包括噪声、气味和视觉层面。同时不能因为住宅建设对当地的景观和自然价值造成破坏，并且住宅建设要与当地特色物质环境结合起来。

三、乡村建设的各级组织充分发挥引导、监督和管理作用

发达国家在乡村建设方面的控制引导措施，主要依托于政府的政策制度、市场的运行原则、专业公司的规范制约和整个社会的工业化力量，并最终渗透到了乡村建造过程的各个方面，如土地利用的控制引导、房屋质量的控制引导、建筑风貌的控制引导和建设过程的控制引导等。

除主管部门和从业企业外，村民自发组建管理机构对乡村治理和风貌维持发挥基础性监督作用，协助地区主管部门监督管理工作。他们往往具备良好的群众基础，在地区享有一定威望，具备一定的相关工作经验，便于在农村开展工作，督促村民贯彻落实相关管理规定和规范。代表全体村民申请竞争性国家乡村建设补贴，全面负责乡村村容村貌建设。

村民自发性组建管理机构组织灵活，熟悉当地环境和文化，具备一定的专业知识，这是发达国家在乡村治理方面的有益经验。随着"归农、归村"者增多，乡村管理呈现如下趋势：①村民自发性组建管理机构在乡村管理中的作用日益凸显，管理范围在扩大和延伸；②参与者的社会地位和专业水平在提高，管理能力不断提升；③邀请乡绅参与农村日常管理事务，整合资源，活化乡村经济。

（一）国家政策引导

美国为了大力推行绿色建筑措施在居住建筑中的使用，采用了多样的政策措施对其进行激励，如一些可再生的材料与能源以及相关的节能设施等，对于积极尝试的农户提供了可观的税收减免。同时在一些类似的绿色建筑开发项目中，部分地区通过减免销售税与使用税以及贷款利息补贴的方式进行了大力的扶持。过去，住宅的功能是"挡风遮雨，避暑御寒"。现今，住宅的内涵更为广阔。"节能环保，健康舒适"成为科技先进、经济发达国家住宅追求的目标。由于有政府资金方面的补贴政策，私人小住宅在建造中会主动利用保温隔热措施，许多独立小住宅内部，往往还会安装有"能量回收通风系统"，使住宅"冬暖夏凉，适宜居住"，并大大减少了住宅在能源方面的一些消耗。

另外，美国政府通过制定"区位首选"、"建设标准"以及"贷款担保"等多项办法，对乡村建造进行积极的控制与引导。对于乡村住宅建造的贷款担保，政府并没有将其简单地看作一种金融政策，而是视为落实政府意图的核心措施。首先，政府制定了针对宅基地设计的评判标准，对于常规道路两侧的住宅，马路较宽或者建筑退线较深的住宅，政府认定为"好"，反之则认定为"坏"。其次，政府将这种标准的好坏与贷款担保政策相挂钩，实现对乡村住宅形态的隐形控制。甚至这种贷款担保的制度与建筑的形态、风格紧密联系，由于政府对于"新英格兰"建筑风格特别推崇（图3-5），因此，在贷款担保制度的刺激下，这样的建筑形式密集地分布于美国的乡村地区。

图3-5 "新英格兰"建筑风格住宅

从美国的引导政策可以看出，在尊重居民意愿的前提下，通过政策与资金引导乡村住宅的不断升级与改造，使其在满足居住功能需求的前提下更加环保与绿色，符合整个地区的形态风貌，体现以人为本的社会治理思路，避免激化政府与村民之间的社会矛盾，从而取得两者妥协下的效益最大化。

（二）基础配套资源控制

从土地政策上来说，发达国家基于土地私有化制度，全国私有的土地面积占国土面积的50%多，而政府所占的土地也多是森林、沼泽、草原等非建设类用地，乡村建造的土地多是通过个人之间的买卖行为而获得。

通常，人们都会自然地认为私有化的土地制度会减弱美国政府的土地利用水平，实际上，美国政府会通过基础配套资源的供给手段，间接地控制乡村居民对于土地的利用。

例如，通过上下水和供电的总量控制，使得乡村土地的开发强度必须考虑其基础设施的最大承载力，最终引导村民建设向着政府预期的规模发展。

美国乡村社区公共环境建造主要是依靠政府的扶持或者是专项贷款来实施，如乡村的污水垃圾处理设施、通信设施、供电设施以及网络设施等。其中污水垃圾处理设施与供电设施项目的贷款包括在国家发展计划中，而通信设施和网络设施是通过政府与企业合作，以贷款和拨款形式推动建造的。总体看来，美国乡村公共环境设施的建设远超我国经济水平发达的乡村地区，每个乡村社区均会配有消防栓，甚至大部分都设有消防站，社区的污水垃圾也都在地方政府的协作下，通过委托专业的公司进行集中处理。政府对于公共环境的建造尽到了应尽的责任和义务，同时也控制了乡村建设的无序蔓延。由于公共基础设施的使用越集中，各方面的建造和使用成本就会越低，村民盖房自然就会集中于公共基础设施布置区域，以提高资源的使用效率，最终实现有序规划的公共基础设施引导乡村居民的建造行为，使整个乡村建造与社会发展的需求相同步。

这样看来，美国的乡村建造管理不在于对乡村土地本身的控制，而是通过基础设施、政府政策及其他措施来对土地利用进行引导，保证建造活动符合整个乡村社会发展的要求。

（三）公众参与

对于乡村社区的整体规划设计和社区风格把握，美国社会非常重视公众参与机制的介入，通过花费大量的时间与精力，使社区居民的个体意愿很好地与规划设计结合起来。例如，房屋的功能组合、建筑形态、建造成本等，充分尊重当地居民对于规划建造的诉求，使公众的利益得到切实有效的保障。

总体说来，美国乡村建造的控制引导并非由政府单方面通过强制的手段来实现，而是以一种综合的控制引导共同体来进行。这种共同体的形成依托于社会各个方面的支持，缺一不可。而各个控制引导要素又与社会的整体发展程度密切相关，如专业化的市场，是美国工业化技术与乡村建筑体系相结合并发展到一定程度才能够实现并影响乡村建造方式和主导乡村建筑风貌的。

第四节　乡村能源高效利用与新能源开发

一、美国

（一）美国能源利用现状

美国是世界第一大能源生产国和消费国，美国的能源消费以石油、煤炭和天然气为主。美国的石油存储量不多，但煤炭储量极其丰富，天然气储量也较为丰富。根据美国能源部统计，目前美国的能源消耗中，石油占40%，煤炭占23%，天然气占23%，核能占8%，可再生能源占6%。

美国因其具有丰富的煤炭和天然气储备，乡村的用能也以煤炭和天然气为主。其中煤炭占能源利用比例的31%，天然气占28%。近年来，随着政治因素的影响，美国天然气的进口量受到制约，对于再生能源的开发利用显得格外重要。在美国经济较发达的乡村，可再生能源利用比例为 20%左右。生物质能来源直接、应用广泛、消耗成本低、转化产出率高，占乡村能源利用的比例为 22%。太阳能占 6%，地热能占 5%，风能占 2%，水电能占 6%。近年来，随着政府对乡村能源开发利用投入的不断加大，越来越多的能源设施得到广泛应用，技术得到深入发展。

（二）美国乡村能源利用扶持政策与措施

为了占据世界可再生能源技术领先地位，美国政府十分重视可再生能源和节能技术研发，仅用于可再生能源和节能技术研发的费用每年就达 30 亿美元。美国最早关于能源的法律政策是 1978 年颁布的《能源税法》，它规定购买太阳能发电的费用可以免除 30%的税费。1992 年的《能源政策法》又规定了生产抵税和生产补助两项优惠。2005 年《国家能源政策法》的主要内容包括：提供消费税优惠，促进提高家庭用能效率；设定新的最低能效标准，提高商用和家用电器效率；通过税收优惠，废止过时的不利于基础设施投资的规定，加强电网等能源基础设施建设；通过减税等措施促进可再生能源的开发利用；支持高能效汽车生产等。

（三）美国能源高效利用技术

美国的民用建筑主要有单体住宅和公寓式住宅两大类，其中单体住宅占大多数，主要分布于城市的近郊、远郊和乡村地区。单体住宅多以天然气和电力为主要的能源供应方式。房屋节能技术主要包括墙体节能技术、屋面节能技术和门窗节能技术。

1. 墙体节能技术

围护结构最大的一部分是墙体，在此方面，美国使用多种新型节能墙体材料来加强围护结构的保温隔热。

1）外墙保温及饰面系统（EIFS）。EIFS 包括以下几部分：主体部分是由聚苯乙烯泡沫塑料制成的保温板，一般是 1～4 英寸[①]厚，该部分以合成黏结剂或机械方式固定于建筑外墙；中间部分是持久的、防水的聚合物砂浆基层，此基层主要用于保温板上，以玻璃纤维网来增强并传达外力的作用；最外面部分是美观持久的表面覆盖层。EIFS 是在 20 世纪 70 年代末最后一次能源危机时期出现的，最先应用于商业建筑，随后开始了在民用建筑中的应用。今天，EIFS 在商业建筑外墙使用中占 17.0%，在民用建筑外墙使用中占 3.5%，并且在民用建筑中的使用正以每年 17.0%～18.0%的速度增长。

2）建筑保温绝热板系统（SIPS）。SIPS 材料一般 4 英尺[②]宽，最大可以做到 24 英尺长，板材的中间是聚苯乙烯泡沫或聚亚安酯泡沫夹心层，一般 4～8 英寸厚，两面根据需要可采用不同的平板面层。很多工厂还可以根据工程需要按照实际尺寸定制，成套供应，承建商只需在工地现场进行组装即可，真正实现了住宅生产的产业化。防火和防止虫蚁咬噬是该产品需要重视的两个问题，一般可以通过采用防火的面层及在施工前后向板中添加杀虫剂的方式来解决。SIPS 材料可用于民用建筑和商业建筑，是高性能的墙体、楼板和屋面材料。SIPS 正在逐渐取代二战后一直在美国民用和小型商业建筑中广泛应用

---

① 1 英寸=2.54cm，下同。

② 1 英尺=0.3048m，下同。

的龙骨框架、玻纤隔热的传统墙体保温体系。

3）隔热水泥模板外墙系统（ICFS）。这是一种绝缘模板系统，主要由循环利用的聚苯乙烯泡沫塑料和水泥类的胶凝材料制成模板，用于现场浇筑混凝土墙或基础。施工时在模板内部水平或垂直配筋，墙体建成后，该绝缘模板将作为永久墙体的一部分，形成在墙体外部和内部同时保温绝热的混凝土墙体。混凝土墙面外包的模板材料满足了建筑外墙所需的保温、隔声、防火等要求。

2. 屋面节能技术

美国的屋面节能技术除了采用常规的保温隔热材料和屋顶构造外，还有种植屋面、太阳能屋面、反射屋面等。关于反射屋面，美国采暖、制冷和空调工程师协会标准对节能建筑设计提出的最低要求是屋面最低反射率为70%，最低辐射率为75%。美国主要研究采取如坡屋顶顶层天花板铺设保温材料以及沿坡屋面铺设保温材料的方法。使屋面变"冷"主要有两种途径，一是涂刷反射性的白色涂料，如丙烯酸涂料，或用反射的矿物粒料罩面；另一种方法是采用白色或浅色单层屋面系统。单层屋面系统包括聚氯乙烯、热塑性聚烯烃、三元乙丙橡胶和改性沥青卷材，但以前两者最普及，长期性能也较好。

3. 门窗节能技术

门窗是建筑围护结构的组成部分，是建筑物热交换最活跃的部分，所以对门窗进行保温极为关键。在美国，外窗也尽量采用先进的充气多层窗，窗玻璃主要用太阳能热反射玻璃、低辐射玻璃。

在建筑中使用节省能源的器具和设备，在采暖、制冷、照明等方面减少能源的消耗。一般来说，采暖和制冷是建筑中使用能源最大的部分，可编程的自动调温器等民用建筑中附加的能源利用效率控制措施能极大地减少这些系统中的能源消耗。另外，一些家庭采用了分带加热和制冷系统，这能减少房屋中不经常使用空间的热量和冷气的供给。

（四）美国新能源开发技术

1. 风电利用

在众多可再生能源技术中，美国乡村的风电利用是发展最快的领域之一。通过对风电装机容量的改进，政府对乡村能源设备投入大量的资金。2015年，美国乡村的风电装机量380万kW，风电是乡村能源利用的重要途径。并且，随着风电技术的发展，乡村风电造价降至1000美元/kW以下。

2. 太阳能利用

美国是世界上能量消耗最大的国家，国会先后通过了《太阳能供暖降温房屋的建筑条例》和《节约能源房屋建筑法规》等鼓励新能源利用的法律文件。在经济上也采取有效措施，不仅在太阳能利用研究方面投入大量经费，而且由国会通过一项对太阳能系统买主减税的优惠办法。因此，美国太阳能建筑的发展极为迅速，无论是对太阳能建筑的研究、设计优化，还是材料、房屋部件结构的产品开发、应用，以及真正形成商业运作的房地产开发，美国均处于世界领先地位，并在国内形成了完整的太阳能建筑产业化体系。

美国于 20 世纪 80 年代初就由新墨西哥州的洛斯阿拉莫斯科学实验室编制发表了被动式太阳房设计手册。此外，美国还出版了许多实用的被动式太阳房建筑图集，既介绍成功的设计实例，也有对太阳房原理、构造的详细说明。这些工具书的发行和一些样板示范房屋的建立，对美国公众接受太阳房起到了很好的促进作用。比较著名的示范建筑有：位于新泽西州普林斯顿的凯尔布住宅，位于新墨西哥州科拉尔斯的贝尔住宅，位于新墨西哥州圣塔菲的圣塔菲太阳房，位于加利福尼亚州阿塔斯卡德洛的阿塔斯卡德洛住宅，以及位于新墨西哥州科拉尔斯的戴维斯住宅。这些建筑采用壁炉或电散热器作辅助热源，但太阳能供暖率均在 75% 以上，有的已达到 100%，如阿塔斯卡德洛住宅。

目前，美国通过太阳能光伏发电，向乡村输送电力并逐渐发展成为发电系统制造完备的生产体系。美国乡村光伏发电大大提高了太阳能光伏电池的光电转化率，并通过建立太阳能发电站，降低了光伏发电的成本。

3. 生物质能

近年来，美国的生物质能技术发展迅速。生物质能在美国乡村的应用范围十分广泛，覆盖率接近 30%。农户以玉米秸秆、大豆秆和其他农作物等为原料，进行沼气发酵获得沼气，从而作为日常的生活能源；并对生物燃料提纯加工，应用到农业生产中。

美国是世界上开发利用生物质能最早的国家之一，早在 1983 年由政府资助并由能源部管理的地区性生物质能计划（regional bioenergy plan，RBEP）就已展开。同时，为了加强生物质能的研发工作，美国能源部于 2000 年成立国家生物质能研发中心专门机构及生物质计划和生物质研发技术顾问委员会，并设立国家可再生能源实验室。其中生物质能开发和利用主要集中在生物质固体燃料、生物液体燃料和生物燃气三大方面，生物质能已成为美国最大的可再生能源供应来源。

美国对占据全国能源供给量 3% 的生物质能较为重视。截至 2012 年底，生物质能已经成为美国可再生能源的主要来源，美国国家能源战略将生物质能作为主体，以确保能源结构合理和能源供给安全，减少对石油进口的依赖，逐步形成多样化的能源产品供给方式。为此，各州政府相继制定了各种建设目标和政策措施，加速生物质能产业的开发和利用。

二、德国

德国对能源的消耗量一直高于世界大部分发达国家，其中石油和天然气的消费量一直处于世界前三的位置。但本土有限的资源无法满足德国发展的需要，因而不得不大量进口各种能源，石油进口量占总消费量的 93%。德国政府为了长久发展，20 世纪 70 年代初开始推广可再生能源，21 世纪以来更加注重其在乡村的推广与使用，其中风能、生物质能等可再生能源在能源消耗中的比例最大。截至 2017 年，德国在能源领域的投资总额已超 20 亿欧元，对乡村新能源的财政投入占全部能源投入的 20%，乡村新能源的使用比例占全部能源使用的 50%。德国目前利用的可再生能源主要包括潮汐能、盐度差能和海流能、风能、日辐射能、地热能、生物质能等。其中，德国的生物质能和风能利用一直处于世界领先地位，占其全部能源利用的 60%。

在德国完备的环境保护政策体系中,对乡村的能源政策主要立足于节约能源和利用可再生能源,利用可再生能源主要是鼓励和推广生物质能的开发利用,如拨专款用于沼气的开发利用研究,通过法律规定保证对沼气发电上网给予补贴,联邦政府颁布对沼气利用的促进政策,同时各州也推出对沼气利用的扶持政策。

在实施途径方面,德国提出了合理可行的发展目标,即不仅积极开发利用新能源,而且着力于提高新能源的利用效率。同时,大力发展能源替代技术,鼓励在现有生活水平不降低的情况下,节约能耗、调整产业结构。政府加大了改造建筑物用能系统的力度,提出了资源利用效率提高的幅度目标,并制定了一些激励措施,从而使得乡村新能源的利用得到持续有力的发展。

三、日本

(一)日本能源利用现状

日本乡村能源的利用方式主要包括太阳能发电、太阳热利用、风力发电、生物质能源利用、废弃物热利用(包括废弃物发电和废弃物燃料制造)、地热发电、天然气混合循环发电、燃料电池利用、温度差能源利用、冰雪热利用等。根据政府出台的最新数据,日本计划到2030年,风力、水力、生物、地热和太阳能等新能源发电量将占日本乡村用电量的20%;风力、太阳能和生物发电将成为未来乡村能源利用的主要部分,产值规模将增长到8000亿日元。日本乡村可再生能源利用情况及未来发展目标如表3-1所示。

表3-1 日本乡村可再生能源能利用情况及未来目标

利用类型	能源种类	2010年利用量/亿L油当量	2010年利用比例/%	2030年利用目标/亿L油当量	2030年利用比例/%
热利用	太阳能热利用	4.50	9.80	16.70	13.43
	废弃物热利用	5.58	12.26	18.20	14.63
	生物质能热利用	9.24	20.29	26.98	21.67
	其他能源热利用	0.25	0.55	3.50	2.81
发电	光伏发电	3.54	7.78	15.34	12.33
	风力发电	4.47	9.80	12.56	10.09
	废弃物发电	8.58	18.85	12.60	10.13
	生物质能发电	9.36	20.56	18.50	14.87
合计		45.52	—	124.38	—

注:—表示无此。

(二)日本乡村能源利用扶持政策与措施

日本已构建了由能源政策基本法立法为指导,由煤炭立法、石油立法、天然气立法、电力立法、可再生能源立法、能源利用合理化立法、新能源利用立法、原子能立法等为中心内容,相关部门法实施令等为补充的能源法律制度体系。早在1974年就制定并实施了"新能源开发计划",又称为"阳光计划",其核心内容即为积极开发利用太阳能。

随后，日本又相继推出了"月光计划"和"新阳光计划"，这些发展规划的陆续出台，更加明确了日本太阳能的发展方向和重点，太阳能产业在日本获得了蓬勃的发展。而后的 1993 年，日本再次颁布"新阳光计划"，内容为每年投入超过 500 亿日元的资金用于新能源技术和储存技术等方面的研发工作。为继续推进新能源技术研发，此后研究费用逐年增加，到 2004 年已达到 1613 亿日元。得益于技术方面的大量投入，近年来日本在新能源产业方面的各项技术一直领先于世界其他国家。

20 世纪 70 年代，日本历经两次石油危机的冲击后，提出"稳定供给"——控制石油能耗，并促进替代能源的利用；80 年代提出"稳定供给+经济性"——实行制度改革，推进低成本供给；90 年代提出"稳定供给+ 经济性+环境保护"——建立节能辅助金制度，应对地球"温热化"，促进与环境的协调控制。日本自 2002 年颁布《能源政策基本法》、2003 年颁布《能源基本计划》（以后每 4 年修订一次），至 2014 年版《能源基本计划》公布并执行以来，已形成"S+3E"模式，即"安全性（safety）+稳定供给（energy security）+经济效率（economic efficiency）+ 环境保护（environment protect）"，并兼顾"国际性+ 经济增长"。2015 年制定《长期能源供需展望》，以保证能源安全为前提，跟进落实"稳定供给、高效经济、环境适宜"的具体目标，提出 2030 年度的《能源供需预测》，制定政策的基本宗旨是：最大限度地推进彻底性节能、可再生能源的利用，降低对碳氢能源和核能的依存度。2016 年颁布的《能源白皮书》围绕日本能源现状提出三大战略方向：针对原油价格下跌局面着眼于未来能源安全保障发展方向；应对和反思东日本大地震、福岛第一核电站事故后的核政策改革方向；基于《巴黎协定》的能源政策改革方向。

（三）日本能源高效利用技术

日本实施建筑节能主要采取改善围护结构的保温隔热性能、提高暖通空调设备的效率等方式。

1. 外围护结构节能技术

外墙面涂高反射率的防辐射纳米涂料（通常反射率在 0.88～0.90，加底漆和施工，约 35 元/m²）；内墙、天面和地面加 3～5cm 厚的低传热系数（传热系数值在 0.18～0.23）高质量的酚醛保温板［3～5cm 厚的酚醛保温板价格（含施工费）为 80～100 元/m²］；内墙面涂保温、保健（分解甲醛等有害物质）的内反射纳米涂料（正常情况下 70%～80%的室内冷热量不会外流，加底漆和施工，约 35 元/ m²）；窗户玻璃加涂纳米反辐射涂料，红外线遮挡率可达 98%，可见光可保留 82%（含施工费价格为 80～100 元/m²）。

2. 采暖、制冷设备

日本的小型中央空调走的是一条"氟系统"为主的发展道路，从窗式空调器到定速分体式空调器，再到变频分体式空调器。同样，日本的家用小型中央空调也以变频空调为主。

在世界空调行业中，在 20 世纪 90 年代以前，60%的市场被日本所占有，并且日本在设备开发和控制技术上都处于世界最前沿。这为日本发展 VRV 系统（变制冷剂流量系统）提供了技术保证。同时，日本国土面积小而人口众多，人口密度非常大，其住宅多属于高密度住宅，建筑结构较为紧凑。一般层高均较低，不适合于布置需要占用较大层高的风管式空调系统。而且日本是个国内资源匮乏的国家，其能源消耗主要依赖从国外进口，因此非常强调节能。家用空调作为能源消耗大户，其节能技术的开发尤其受到重视。VRV 系统的节能性是其在日本得到广泛应用的一个重要原因。另外，对于专业的空调安装队伍来讲，VRV 系统的安装非常规范，施工费用低。以上这些因素决定了日本家用小型中央空调以 VRV 系统为主。

此外，在日本，对于比较高档的别墅住宅，也有采用风管式系统的，风管式单元空调系统和风管式空调箱系统都有应用。对于面积很大的高级住宅还采用新风机组+风管式空调箱系统，通过新风道将室外空气引入室内，运行时需要关闭房间所有的窗户，原则上可实现全年连续运行。对于中级住宅或规模较小的高级住宅也有采用冷/热水机组的，在这种系统中，室内末端装置多采用落地式风机盘管，当采用吊顶式风机盘管，在冬季供热时，室内上下温差太大，通常辅以电热壁毯作为辅助热源。

（四）日本新能源开发利用技术

1. 沼气

日本是一个石油、煤炭和天然气等主要化石能源极度匮乏的国家，但是它的经济高度发达，能源消费量很大，这就使日本人形成了十分珍惜常规能源、循环利用可再生能源的可持续发展观念。

在农业能源利用中日本非常重视厌氧（沼气）生物技术的研究应用，不仅政府投入一定的科研和治理经费，同时也吸引民间资本的投入。日本国立畜产草地研究所采用厌氧反应器处理食物残渣制取沼气，用于发电和供热，为了节省资源，生物滤池和沼气脱硫装置中的填料均采用回收材料和再生材料。经推广后，东京都江户区部分乡村开始利用食物残渣发酵后生成的沼气发电和供热。一些乡村设置了食品垃圾箱，将垃圾粉碎后制成液体，用密封车回收，经过一个月的发酵可提取甲烷含量为 60% 的气体，用于燃烧发电。

除了沼气之外，日本政府还注重对乡村其他生物质能源的利用，如通过对乡村垃圾进行"减量化、资源化、无害化"处理，燃烧产生的电力用于农户生产生活的供电。例如，大阪平野乡村垃圾发电厂将垃圾燃烧，垃圾处理能力每天为 110t，每吨垃圾产生电量约 730kW，可供周围 2420 户居民的农作生产和生活用电使用，大大促进了乡村能源的利用率。

2. 太阳能

日本采取固定价格购买制度增加了太阳能的投入量。针对成本高及天气和日照条件等导致的电力输出不稳定问题，日本提出以低成本为目标，开展技术研发与系统稳定性研究。太阳热利用设备的普及，以 20 世纪 80 年代前期为高峰，但是受 90 年代的石油低价和日元上涨的影响，其他具有竞争力的制品快速发展，太阳能热水器新增装机台数逐年减少，如图 3-6 所示。

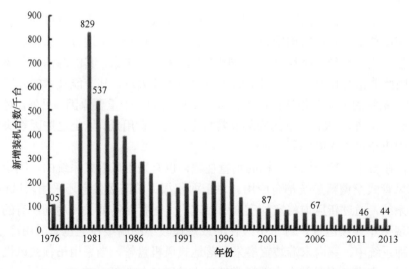

图 3-6　日本太阳能热水器（含太阳能热水系统）的新增装机情况

3. 生物质能

2014 年日本利用的生物质能源按发电量换算相当于石油 1234 万 kL（1kL=1000L），占日本国内一次能源供给量 51 803 万 kL 的 2.4%。2015 年起，日本政府针对尚未被利用的不足 2000kW 的木质生物质能源发电设置专项，鼓励小规模木质生物质发电，推进木质生物质能源的利用。日本目前考虑的生物质能源发电有两种，分别是木质生物质能源发电和沼气发酵发电，由于后者造价偏高，而前者与太阳能发电造价相当、稳定性较好，因此更加注重前者的可持续利用。

四、韩国

20 世纪 70 年代发生的两次石油危机，使韩国政府认识到改善能源消费结构和增加能源供给多元化的必要性，政府开始注重可再生能源的发展。1978 年 5 月，韩国太阳能研究所成立。1987 年，韩国制定了以技术开发为中心内容的《替代能源技术促进法》，明确要促进替代能源技术开发，扩大可再生能源和替代能源的供应，包括太阳能和地热能。并且韩国政府设立了替代能源开发专门机构——替代能源事业部。2002 年 2 月，韩国政府设立了"替代能源开发普及中心"，重点开发太阳能、风力、氢燃料电池三大领域，并修订了《替代能源开发及利用普及促进法》。2008 年提出《低碳绿色增长战略》，总体目标是到 2030 年将化石燃料的份额从 83%（2008 年）减少到 61%，可再生能源的目标是到 2030 年增加到 11%（2008 年为 2.4%），2030 年的绿色增长旨在将太阳能发电量提高 44 倍，风力发电量达 27 倍，生物能源量提高 19 倍，地热能量提高 51 倍（与 2007 年的生产水平相比）。

天然气作为一种较为清洁的能源，其消费比例逐步增加但幅度很小，仅从 2006 年的 12.92%上升到 2016 年的 14.29%。核能和水电的消费比例基本没有变化，分别维持在 13% 和 0.3%左右。可再生能源消费比例有一定程度的提高，2006 年仅占 0.04%，2016 年增加到 1.5%。

五、国外经验总结

（一）注重提升能源综合利用率

美国在提高民用建筑能源利用效率方面采取了两个方面的措施：①加强围护结构的保温隔热；②在建筑中使用节省能源的器具和设备。可再生能源利用方面，美国国会先后通过了《太阳能供暖降温房屋的建筑条例》和《节约能源房屋建筑法规》等鼓励新能源利用的法律文件。在技术实现上，日本外墙采用了面涂高反射率的防辐射纳米涂料，家用小型中央空调也以变频空调［即使用 VRV 系统（包括一拖多）］等为主。

（二）重视新能源开发利用

德国的生物质能和风能一直处于世界领先地位，其利用占全部能源利用的 60%；积极推动沼气的开发利用，通过法律规定保证对沼气发电上网给予补贴。澳大利亚重视太阳能利用，全国有 40 多万个乡村家庭配备了太阳能热水系统，占全国家庭总数量的 5% 以上。日本和韩国利用垃圾和畜禽粪便等生物质资源发电，在增加电能的同时还解决了这些废弃物的露天堆积、污染环境的问题。

第五节　乡村人居环境治理

一、美国

（一）污水处理

美国不存在类似中国的城乡差别，而且乡村居民通常比较富裕，总的来说乡村污水治理水平比较高。

1. 法规设立

1972 年美国国家环境保护颁布了《联邦水污染控制法修正案》，该法要求"所有的水域都应可用于在水上娱乐和游泳并应为水生生物物种的保存和繁殖提供理想的场所"。20 世纪 70 年代初，为达到水域可应用于游泳的目标，美国建设并运行了一些小城镇的三级处理设施。由于运行费用高，小城镇居民拒付污水处理费，设施停运的情况时有发生。因此，美国在 1977 年修订的《清洁水法》中，将分散处理技术作为"革新/替代技术"用于降低污水处理成本和能耗（图3-7）。

2. 运行模式

美国的分散污水处理设施在 20 世纪 90 年代末一度出现失效率高的问题，失效率达到 10%～20%，还有污染饮用水的问题，甚至于 1998 年美国国家环境保护局的国家水质量目录中将"分散污水处理系统"列为第二大水污染源。究其原因，主要是美国对分散污水处理设施缺乏系统管理、缺乏法律保障，以及运行费用短缺等。

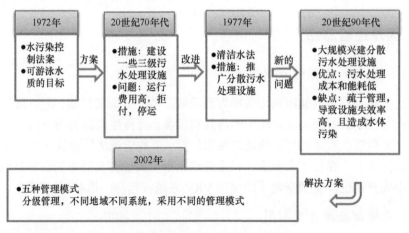

图 3-7　美国乡村污水治理发展历程

2003 年美国国家环境保护局为了指导各州和地方有效开展分散污水治理，发布了《分散式污染处理系统管理指南》，提出了 5 种集中管理程度逐步加强的运行模式：业主自主模式、专业维护模式、许可运行模式、机构管理模式和机构所有权模式（图 3-8）。这五种模式随着处理系统的复杂性和对环境的敏感程度逐渐加强。分级管理模式的提出针对不同地域、不同污水系统，防止管理一刀切的现象发生，极大地降低了管理成本，提高了管理效率，保障分散污水处理设施的良好运行。在美国，州和地方政府保留对分散处理系统的立法权和执法权。

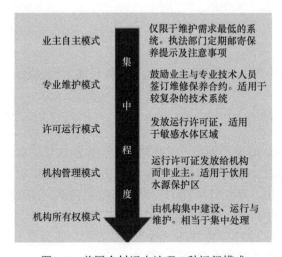

图 3-8　美国乡村污水治理 5 种运行模式

3. 资金机制

1989 年以后，联邦及州级政府并没有直接资助农村生活污水处理设施建设，而是采取低息贷款和共同建立水污染控制基金的资金支持方式。此外，农业部废水处理项目有为处理设施建设提供贷款和补助的责任。水污染控制基金在美国的每个州都有设置，其中的 80% 来自于联邦政府，剩余的 20% 由州政府补充，农村污水治理工程的建设资金可以通过周转基金中得到低利率长期贷款的方式获得。在获得贷款以后，地方政府要逐年偿还这笔贷款。这种低息贷款的方式既保证了有充足的资金进行污水处理工程的建设，又保证了周转基金的长期积累与有效运转。

4. 各主体责任

各级政府在农村生活污水处理方面的职责包括制定政策法案、提供和援助治理资金、建设村落式处理工程。其中，联邦政府负责制定全国法案和计划、实施全国性项目并建立污水治理基金。美国国家环境保护局的主要责任是执行《清洁水法》《水资源治理法》等法案，以保护天然水体的水质，负责制定与实施和分散式处理系统有关的全国性项目和计划等。州政府的职责是区域规章的制定，并通过行政机构管理下属的农村生活污水处理体系，还可以根据需要设置特殊管理实体，负责执行某区域分散污水治理。镇、村政府的主要责任是规划、批准和安装分散式污水处理设施，还执行一些具体的规定。管理部门可以委托具有资质的民间机构完成分散式污水处理系统的规划、评估或培训等工作；委托私人营利机构提供管理服务，这些机构通常是由州公共事业委员会监管并与之签订服务协议，以确保其能长久地以合理价格提供保质保量的服务。

5. 技术工艺

1990 年前后，分散式污水处理设施开始大规模兴起和建设并进而发展出了分散式管理系统。到 1998 年美国农村污水处理设施已达到 1900 多万个，并以每年 150 万个的速度增长，其中绝大部分使用的是化粪池+土地渗滤工艺。目前美国分散污水处理设施大约服务 1/4 的国家人口，已被看作是一种永久性的设施，具有与城市排水系统同样重要的地位。

美国的乡村污水处理主要指 1 万人以下的分散污水处理。联邦政府和各州政府对分散污水处理越来越重视，推出了不少项目对分散污水处理进行支持。近年来，美国等西方国家已经认识到，随着技术和管理的进步，分散污水处理的质量和经济性不仅可以达到城市集中治理的水平，而且在能源、环保、投资等方面还具有很多优势。

6. 经验总结

联邦政府关于分散型污水处理系统的使用，并没有制定任何强制性的法案或标准。只是通过政策指导、公众教育和参与及资金补贴等多方位的管理措施引导地方政府和公众在合适的场所安装分散型污水处理设施并进行管理和维护。美国的农村污水治理高度重视用户自觉，用户有承担处理设施运营管理的责任。但是用户在得到政府的补助以后，必须自己建设合规的家庭污水处理设施并使处理的污水达到排放标准。违反处理规定的用户将会受到处罚。但该模式依赖个人的自觉性和专业性，难以切实保证和维护系统的正常运行。

（二）垃圾处理

1. 垃圾特征及分类回收现状

二战后美国经济开始腾飞，随之而来的垃圾产生量也不断增长。自 20 世纪 60 年代以来，美国农村垃圾产生量不断上升，人均日产垃圾量为 1.217kg，到 1990 年这个数值达到了 2.047kg。之后由于美国采取了农村垃圾处理措施，农村人均日产垃圾量维持并稳定在 2.04kg。表 3-2 列举了典型年份美国农村垃圾的产生量、回收利用量和废弃量。从表 3-2 可以看出，美国对农村垃圾的回收利用量在不断攀升，90 年代开始，对一些有机物垃圾进行堆肥处理，回收比例在不断上升，1960 年垃圾回收利用比例只有 6.3%，到 2010 年达到了 30.1%。据调查，2010 年美国分散式农村共产生 2.319 亿 t 垃圾，农村垃圾回收利用量为 6990 万 t，回收利用率较高的是庭院垃圾、纸张、金属等，其中庭院垃圾回收利用 1580 万 t，纸张回收利用 2940 万 t，金属回收 640 万 t。美国农村其余垃圾中卫生填埋 1.283 亿 t，占 55.3%，焚烧 3370 万 t，占 14.5%。所以在美国农村，卫生填埋是垃圾处理的最主要方式，其次是回收利用与焚烧。据美国国家环境保护局预测，美国农村垃圾填埋与焚烧的比例将逐步降低。

美国的垃圾分类比较细，可回收利用垃圾主要分为六大类，分别是纸张、金属罐、塑料制品、无色玻璃、棕色玻璃和绿色玻璃。因此，在垃圾箱或垃圾桶的显著位置用"YES"和"NO"标出哪些垃圾属于这类，哪些垃圾不属于这类，不属于这一类的垃圾就不要往里面投放。"NO"标出的垃圾种类有时要比"YES"标出的要多，如纸张类只包括报纸、杂志、办公室的粉碎纸、邮寄用纸和纸板，但不包括比萨盒、含蜡的纸、皱褶纸、食品纸板盒、冰激凌盒和牛奶盒。金属罐类只包括铁制和铝制罐，不包括铁屑、金属管和锅铲。塑料制品类只包括塑料瓶和塑料罐，不包括塑料箱、装黄油酸奶和点心的塑料容器、塑料泡沫、塑料杯和塑料袋。无色玻璃只包括无色的玻璃瓶和玻璃罐，棕色玻璃只包括棕色的玻璃瓶和玻璃罐，绿色玻璃只包括绿色的玻璃瓶和玻璃罐，都不包括灯泡、窗玻璃、饮料瓶、耐热玻璃、玻璃盘、玻璃杯和玻璃镜。除可回收利用垃圾外的其他垃圾则放入另外一个垃圾箱内。

表 3-2　美国农村人均日产生垃圾量、回收利用量及废弃量　　　（单位：kg）

年份	1960	1970	1980	1990	2000	2010
垃圾产生量	1.217	1.475	1.661	2.043	2.052	2.047
回收利用量	0.077	0.100	0.159	0.290	0.440	0.472
堆肥量	—	—	—	0.041	0.122	0.145
回收利用总量	0.077	0.100	0.159	0.331	0.562	0.617
废弃量	1.140	1.375	1.502	1.712	1.490	1.430

资料来源：美国国家环境保护局"美国城市固体废物：2010 事实和数据"；—表示无此项。

美国乡村面积宽广、人口稀少，人口分散程度高。一方面美国加强对农村垃圾进行减量化处理，通过垃圾处理收费制度鼓励农户减少生产生活的物质消耗，并加大物品重复利用率。美国政府采取了一系列有针对性的措施。首先，农产品的加工、设计、包装、运输等各个环节，都注重减少垃圾的产生，如包装环节尽量采用简易包装。其次，鼓励居民对庭院修剪的草皮和树枝进行堆肥，作为农村绿地、树木的肥料，这有助于农村生活垃圾的有效回收与利用。最后，采取有效的经济调节政策，农村的生活垃圾根据产生的数量或容积，收取相应的垃圾费用，以调节农村生活垃圾的产生量。

2. 法规政策体系

1953 年美国出台了垃圾堆放地点选取的国家指导准则，但是到 1956 年仅有 37%的乡村垃圾填埋尝试遵守这个准则。1965 年，美国推出《固体废弃物处置法》（SWDA），指导州政府建立和管理固体废弃物堆放项目，并推进实施垃圾收集、转运、回收和堆放的导则。1970 年，美国国会通过了《资源回收法》，政府的工作重心从垃圾填埋转为垃圾的循环利用、资源化利用和能源化利用。同年，美国国家环境保护局（EPA）成立。1976 年，美国国会将污水处理法案扩展，通过了《资源保护和恢复法》（RCRA）。这个法案的目的就是保护环境和资源，减少垃圾产生量。RCRA 有两个副标题，一个是 C，专门针对有害垃圾处理；一个是 D，专门针对无害垃圾处理。1980 年 EPA 根据 C 标题的有害垃圾处理内容颁布了第一项专门针对有害垃圾处理的条例。这个条例规定了有害垃圾从收集到无害化处理的全过程。1984 年，国会通过《危险和固体废物法修正案》（HSWA），修正了 RCRA。HSWA 不仅对危险废物的管理和处置实施了严格的、新的要求，而且要求 EPA 为新的固体废物填埋场制定标准，以大大降低由于建造和运营不善而建立新的有毒废物堆放场从而污染清除场地的可能性。因此，在 1991 年，EPA 颁布了接收城市固体废物的填埋场建设和运营的管理框架政策。

国家层面出台法令和政策，地方州政府则根据这些法令，结合当地特点考虑不同影响因素实施固体垃圾处理计划，其中包括人口密度、地形特征以及地域特点。州政府根据自身特点制定法案并指派相关部门或者组织负责协助政府实施垃圾处理计划，美国各州相继涌现一些协助州政府处理固体垃圾的组织，如美国环境委员会、EPA 的网络组织等，各地的这些协助组织都能在网站找到名单和联系方式。

3. 处理模式

美国目前的垃圾收运模式是建立在完善的垃圾分类制度和农户良好的环保意识基础上的。美国城乡居民家中普遍使用的是一种容量较大、质地结实且能方便收口的垃圾袋。这种垃圾袋虽然价格不便宜，但能确保垃圾不易流出。居民将它作为日常生活用品。每个家庭习惯于将垃圾分类，按照能否回收打包装入不同颜色的垃圾桶。此外美国家庭习惯在厨房的水龙头旁边安装粉碎机，用于随时将厨余垃圾粉碎并冲入下水道，而不是简单地扔入垃圾桶。对于自家庭院的杂草和落叶，农户或者自己打扫，或者请专业的公司打扫后装入纸袋或塑料袋中，再堆放在家门口的公路旁，等待专业的垃圾公司收取。环保部门也会定期派工具车到路边修剪树枝。砍下的树枝会被有关机构粉碎后铺设在学校的操场上，或铺在树根周围，防止树根水分蒸发或产生扬尘污染。对于宠物的排泄物，居民一般会随身携带塑料袋及时处理，而乡村的公共机构也提供免费的塑料袋。每个家庭习惯于将垃圾分类，按照能否回收打包装入不同颜色的垃圾桶。例如，纽约为便于民众分类，市政府规定，在学校、机关等地，垃圾桶分蓝色和绿色。凡纸类垃圾都应放在蓝色桶中；而瓶子、罐头包装则放在绿桶里。秋季的落叶和冬季的圣诞树则会在特定季节由专人回收。当落叶满地时，市政府就会明确要求居民把落叶装入纸垃圾袋中，按指定时间放在房屋前，由垃圾车收走。

美国的收运理念是"垃圾公司深入乡村"。与城市一样，美国农村垃圾收取和运输的基础设施配备相当完善。美国的农村垃圾处理一般由规模不大的家庭公司承担，全国范围存在数量巨大的小型公司负责垃圾的收集运输。这些公司在从事垃圾收集与运输业务前必须先获得各郡垃圾回收利用与废弃物管理部门颁发的许可证。全美范围内数量庞大的小型公司专门负责到居民家中收集和运输垃圾，并收取一定费用。虽然美国的农户居住较为分散，但完善的收集网络能够覆盖到每家每户，每户的生活垃圾都能得到有效收集。

从 2000 年后美国大型生活垃圾堆肥厂逐渐减少，但针对有机垃圾特别是农村有机垃圾的庭院堆肥计划快速发展，到 2011 年美国共有家庭庭院堆肥计划 3090 个，平均处理能力 17t/d，主要包括分散家庭式堆肥打包项目和村庄小型静态堆肥项目，这些对于乡村垃圾的分类消化起到了重要的作用，是适合我国农村地区借鉴的处理方法。

美国早期存在大量露天焚烧状况，EPA 发布报告称：露天焚烧的危害比露天堆放更大，会产生大量含二噁英等的烟气污染，烟气难以扩散，会污染当地食物链，并且直接影响焚烧点附近居民的身体健康。20 世纪六七十年代，美国各州都颁布了禁止或者约束露天焚烧的法规，使得垃圾露天焚烧得到了有效治理，这为我国现阶段农村垃圾管理提供了经验。

二、欧洲

（一）污水处理

在欧盟的一些国家，新的城乡差别正在逐渐显现，不过，这次是倒过来的，城市不如乡村。2005 年欧盟统计局的数据显示，尽管从事农业劳动的人口占整个就业人口的比例为 3%～4%，但是，欧盟 50%左右的人口居住在占国土面积 90%的乡村地区，而另外 50%的人口居住在占国土面积 10%的城市地区。现在，居住在乡村地区的居民总数正在日益增加。

在欧洲，乡村家庭普遍有污水处理系统。走进欧洲的乡村社区可发现，所有的厕所都是城市型的，所有的污水都进入家庭的污水处理系统，经过处理后进入村里的排水系统，从而保证了乡村社区的绿色。这类设施十分隐蔽，不易为人注意。但是，道路上的井盖有明确标志，寻着井盖可以发现路旁庭院中的相同井盖，再往建筑物靠近，很快便能在庭院中找到化粪池及污水处理器。道路上的主排水管道由地方市政部门建设，家庭污水处理系统的费用包括在整个住宅建设费用中，由用户承担。

欧洲的家庭污水处理系统主要有以下几点值得我们借鉴。①完善的家庭污水处理系统使城市家庭用水设备全部进入乡村社区的家庭，如厨房洗涤槽、洗手盆、淋浴澡盆、抽水马桶、洗衣机、热水器等，全面提升了乡村的生活水平。②经小型污水处理系统处理过的中水被居民用来浇灌花园草坪；进入湿地的污水，可以补充地下水源或浇灌农田、草场和树木。③村庄排出的生活废水还可以利用村庄本身的开放空间和自然环境去处理（图 3-9）。

图 3-9 村庄外围的自然环境是净化生活污水的一个环节

（二）垃圾处理

1. 垃圾特征及分类回收现状

德国国土面积 35 万 km²，居民 8200 万，70% 以上的居民生活在 10 万人口以下的"城市"，多数居住在 1000～2000 人规模的村镇。德国农村农户日常的生物垃圾通过专门的生物垃圾桶被收集、切碎，并与真空管道系统收集的黑水一起汇入居住区的技术处理中心。两者的混合物先被高温净化处理，之后导入在 30～40℃ 下工作的发酵反应器，经过有氧处理，稳定之后还残留富含高浓度营养物质的流质物。这些流质物将被保存起来，并用于居住区的绿化养护或者卖给临近的农业联合组织。该组织将其分配给各个成员用于农业生产，并保存在季节性存储器中。营养物质的再利用不仅使人类居住区产出的富含营养元素废物以生态可承载的方式进入自然界的物质循环，而且在一定程度上取代高能耗的化肥生产，为节能作出贡献。

据统计，2015 年德国 8200 万人口产生了 5000 万 t 垃圾，其中 87% 的垃圾循环再利用，剩余 13% 的垃圾经过处理后焚烧。德国没有可供垃圾填埋的土地。20 世纪 80 年代中期，德国开始在垃圾处理上下功夫，改变之前填埋和焚烧的粗犷处理措施，开始进行垃圾分类。根据各城市村镇的不同规定，一般把日常垃圾分为 4～5 类，然后再细分出至少 62 种生活垃圾，如蓝色桶是纸类，棕色或绿色桶是有机物，黄色桶是包装袋，黑色桶是不包含有害物质、不可再利用的残余垃圾。玻璃瓶有专门的投放桶，按颜色分投。钢铁类，还有特殊垃圾，如电池、涂料、药品、农药等单独回收处理。大型家具家电一年安排几次定点回收。为了垃圾分类的实施，环境警察还会对垃圾分类情况进行抽查。这样，就实现了生活垃圾的分类化、减量化，为垃圾焚烧并降低污染创造了条件。

生活垃圾分类后，关键是要做好利用文章，变废为宝，使之成为资源和生产原料。德国政府按照可再生资源保护利用的要求，综合利用分类后的废弃物，进行回收利用，形成垃圾经济或循环经济。分类后的垃圾被视为重要的能源载体和次级原料。例如，德国回收的所有塑料垃圾中，有 40% 按照种类被严格分拣。2100 万 t 塑料被重新利用加工成再生原料，用新原料生产 1t 塑料的费用为 1200～1400 欧元，而用回收废塑料生产的再生塑料，成本只要 500 欧元。与原始的回收相比，再生原料增值很大。德国也因此形成了一个营业额超过 2000 亿欧元的生态垃圾经济或垃圾经济产业。该产业产值每年增长 14%，为大约 25 万人创造了就业岗位。目前在德国，垃圾已不再是废弃物而是被放错的资源，垃圾处理也变成了资源管理。

2. 法规政策体系

德国拥有目前世界上最完善、最健全的环境保护法律体系。截至目前，德国联邦政府和各州有关环保的法律、法规多达 8000 余部。德国同时还执行欧盟 400 多部有关环境保护的法律法规。建立法律法规是德国成功推动生活垃圾管理的重要手段。德国生活垃圾的成功处置，使生活垃圾成为原材料；生态垃圾经济成为一大产业，关键靠制度的执行和居民的自觉行为。在严格执法的基础上，德国政府鼓励来自工商企业界的自愿承诺，形成了一套完善的、富有特色的废弃物管理体系。

1972 年，德国政府颁布了《废弃物处理法》，这是德国第一部关于垃圾处理的法律。该法侧重垃圾的末端处理，后经四次修订，于 1986 年改名为《废弃物避免及处理法》，该法引入了垃圾分类、减量和回收利用的理念。从该法的演变过程中可以发现，德国垃圾治理的理念逐步从末端治理向前端治理转变。1991 年，德国政府颁布了《废弃物分类包装条例》，确定了生产者责任制，要求生产企业对其产品的包装进行回收和再利用。同时，该法也鼓励生产企业从产品的设计阶段就开始考虑怎样避免或减少废弃物的产生。1996 年，德国政府颁布了《循环经济与废弃物处理法》，该法将循环经济理念引入生活垃圾管理制度，是一部关于垃圾处理的核心法律。该法提出了所有废弃物均有价值的理念，规定了"避免产生、循环利用、末端处理"的垃圾处理次序，确立了"生产者付费"和"污染者付费"等原则。2000 年，德国政府颁布了《可再生能源法》，该法规定从事能源再生的企业可获得政府财政支持，进一步促进了德国生活垃圾的回收利用。2016 年，德国出台一项新的电器回收法，该法规定电器零售商有义务提供电器回收服务。对于废弃的小型家电，居民只需交给附近的电器零售商，商家免费回收。而对于废弃的大型家电，居民则需交给面积超过 $400m^2$ 的大型电器商。商家采取"以新换旧"的方式回收，即购买一款新家电，可免费回收一款同类型的旧家电。

欧盟在 2008 年颁布了《废弃物框架指导原则》，规定了废弃物处理等级，共五个等级，从上到下分别为防止产生垃圾、再利用、循环、恢复、垃圾清理，这五个等级也是垃圾处理相应的五个步骤，最后剩下的不能处理的垃圾才会被清理掉，可能是填埋或者焚烧。每一步都会有相应的技术手段和措施，这样保证最大限度地将废弃物循环利用。例如，第一步防止产生垃圾，就是要求工厂在设计产品时就要考虑，基于全寿命周期的生态设计，以使产品可循环利用。

德国政府十分重视环保知识普及工作，如城镇中小学会定期组织学生参观环保基地，参加捡垃圾之类的社会实践活动，环境部则会为这些教学提供 DVD、课本等教材，并印发环保知识手册、带领学生浏览环保网站并进行知识普及。从幼儿园开始，学生就会在课堂上接受包括土壤保护在内的环保教育。在课堂之外，老师会带着学生进行实地考察，潜移默化地灌输环保意识。因此，德国农村的孩子们从小被教育培养良好的环保习惯，如将生物垃圾制成肥料种花，用竹篮替代塑料袋购物等。此外，德国学校还有很多环保大赛，组织头脑灵活的学生设计环保小工艺，提出有利环保的创新点子。

德国通过立法和政策宣贯，全民都形成了保护环境、减少垃圾以及循环再利用垃圾的理念,经过 20 多年的努力,现在的德国无论是城市还是农村环境都是优美洁净的。

3. 处理模式

欧洲发达国家城乡一体化程度较高,农村垃圾收运起步较早,农村基础设施已比较完善,垃圾收运体制已臻成熟,对垃圾的处理有比较完善的制度。例如,制定科学合理的法律法规,为农村的垃圾处理提供法律依据;建立系统与有效的管理和运作模式,为农村的垃圾处理提供切实保障;进行科学的垃圾分类,为农村的垃圾处理奠定坚实基础;实行多渠道、多种类的收费办法,为农村的垃圾处理提供充足资金等。

欧盟在垃圾处理方面实施统一的管理和运作,实施"市政府主导"的模式,垃圾箱等垃圾处理设施也由市政府统一配置和安装。农村垃圾收运多采用"市政当局主导–社区居民监督"的管理方式,所有农村社区的生活垃圾都由市政当局集中收集和处理,社区垃圾箱等基础设施由市政当局负责配置和安装。市政当局在农村社区宣传板提醒居民按照规定收集垃圾,居民如对政府的垃圾收运服务和规划有异议,可以上诉。欧盟推荐采用的是分类收集的收运模式。居民将有机垃圾和无机垃圾用不同颜色的垃圾箱分类收集,经过专用收集车辆的运输,到达指定处理点集中进行处理。收取垃圾时,工作人员根据规定对垃圾进行分类,对违反规定收集的垃圾箱,工作人员将拒绝收集甚至对违规人实施罚款。整套农村收运设施和收集处理的费用由地方政府用征收的房地产税及其他税收支付,在资金上确保收运系统的正常运行。

在法国农村,相关社区产生的垃圾也均由市政一级的机构进行统一收集和处理。与大城市分类有所不同的是,农村的垃圾分类必须将有机垃圾与无机垃圾进行严格区分,收取垃圾时,工作人员如果发现没有按规则对垃圾进行分类,或把不适当的东西放到垃圾里,将会拒绝收集这些垃圾箱甚至对违规人实施罚款。每户村民均会收到由政府统一定制的不同大小的 4 个垃圾箱。垃圾箱装有轮子、把手及密封度很高的盖子,特点是不会散发气味,又便于移动。统一垃圾箱的标准,是为了便于垃圾收集车自动将箱里的垃圾倾倒入车。在 4 个垃圾箱中,其中 2 个大号的用于放置可回收的塑料制品及生活垃圾,2 个小号的则用于放置玻璃制品及纸制品。对于体积过大的废弃物,如淘汰的旧家具和旧家电等,则需要通过电话或在专门的网站上进行预约,在得到一个回收的序列号后通过手写或打印的方式将其贴在需要弃置的物品上,并在指定时间摆放在家门前,由专人进行回收处理。此外,政府还在小城镇周边专门设有方便民众丢弃大件垃圾的集中回收站。回收站内对纸箱、废旧木材、废金属、废家具等均分门别类划定了专门的放置区域,民众可自行开车前往。对于新搬入的居民,各垃圾站还会派专人上门对垃圾分类进行讲解。上述一系列的措施,使得即使在法国的小城镇和偏远农村,垃圾的分类投掷、分类运输、分类储放、分类利用仍能够得到有效保证。

英国针对农村垃圾处理采用的技术与城市基本相同,但在技术细节上具有很强的针对性。英国农村垃圾的分类和资源回收率高于城市,通过分类和资源回收,垃圾处理量大幅降低,大部分地区生活垃圾收运频次为一周一次或两周一次,分类后的有机垃圾主要采用小型家庭堆肥技术处理,处理量约占英国生活垃圾产生量的 18%,而大型工程化的堆肥设施仅有 25 座,处理量不到英国全国生活垃圾产生量的 5%。针对农村地区垃圾焚烧处理设施规模较小的特点,英国小型垃圾焚烧厂全部采用供热或热电联产的技术实现能源回收，降低运营成本，但小型焚烧厂和大型焚烧厂执行同样的污染控制标准，确保环境友好。

三、日本

（一）污水处理

1. 法规设立

日本的城市和乡村分别适用不同的污水治理法规体系，城市（人口>5 万人或者人口密度>40 人/hm^2 的集中居住地）适用《下水道法》，乡村地区主要适用《净化槽法》。1983 年日本制定的《净化槽法》是针对乡村分散污水治理的，对乡村分散污水治理进行全面规定，是目前日本乡村污水治理的主要法律依据。2006 年，日本乡村污水治理服务的人口约占全国人口的 31%。

日本农村生活污水主要通过三种模式得到治理，即家庭净化槽、村落排水设施和集体宿舍处理设施。其中，村落排水设施由农林水产省、总务省和环境省依据《净化槽法》推进。另外还有一种特殊形式的小区污水处理，由环境省依照《废弃物处理法》推进，服务人口约占全国人口的 0.3%。

《净化槽法》于 1985 年 10 月正式实施，它适用于分散污水处理设施的运行管理。1960 年，为规范净化槽的设计和建设，日本建设省颁布了《净化槽使用人员计算方法》（JISA3302），规定了不同用途建筑物使用净化槽人员的计算方法。建设省 1967 年颁布的《净化槽构造标准》在 1980 年和 1988 年两次修编，并将小型净化槽升级为合并式净化槽。除此以外，《建筑标准法》等系列与净化槽相关的标准和运行制度颁布实施，为净化槽的建设提出了行业标准。

2. 运行模式

日本集中农村污水处理设施管理相关规定要求，对于大于 20 户（山区大于 3 户）的地区建立农村污水处理设施，归总务省统一管理。根据当地情况，政府一般采用三种建设模式：①传统意义上的污水处理补贴，完全由政府负责投资、设计和建设；②由政府投资，交给污水处理企业设计、建设和运行；③由污水处理企业负责投资、建设和运行，通过在一定期限内向用户收取费用，从而得到投资回报。1987 年，为使农村杂排水得到有效处理，日本政府开始推广合并式净化槽并于当年建立了政府对个人的奖补制度。1994 年中央政府对地方政府的奖补制度建立完成，补助资金占建设费用的 30%～50%。

3. 资金机制

日本村落以上的污水设施大多具有公营性质，总务省和农林水产省负责管理村落公营的污水处理工程，各级自治体负责筹集建设费用，用户需负担基础水价加阶梯水价，此外，国家会给予一定的财政支持。分散的家庭式处理设施归环境省负责管理与推进。国家支持将单独处理粪便的净化槽改造为农村家庭合并处理。根据《净化槽法》，用户需要自己建设标准化的家庭式污水处理设备，各级政府一般承担家庭建设费用的 60%，中央政府补助剩余费用的 1/3，地方政府补助剩余费用的 2/3，在水源保护地区、污水治理落后地区等的农村生活污水治理，净化槽设置费的 10% 由家庭承担，国家会承担

33%的费用，剩余费用通过发行地方债券筹措。此外，用户还需保证设备的定期检查、清洁与维护并由专门人员负责。目前日本也在尝试通过引进民间资本建设和运营村落排水设施。

4. 技术工艺

日本污水处理主要分为三种方式：①集中处理（城市市政地下排水管道），农村污水收集后进入污水处理厂统一处理；②单村处理（农村地下排水管道），全村或村庄部分用户污水纳入一个大型净化槽处理；③分散处理（净化槽），为某户单独建设一个净化槽。自从 1977 年开始实施农村污水处理计划开始，到 2013 年，日本净化槽普及人口为 1121 万人，其普及率为 8.9%。

日本净化槽（图 3-10）已经经过了三代发展。第一代是单独净化槽，只能处理简单的粪便，相当于化粪池；到了 20 世纪 70 年代，第二代净化槽即合并式净化槽研发成功，该净化槽除具有化粪池的功能外，还可以对生活污水中的有机物进行去除；1995 年，随着河湖和近海富营养化现象愈发严重，第三代净化槽即深度处理净化槽研发成功，除可消除有机污染物外，还对氮、磷污染物有了一定的去除效果。

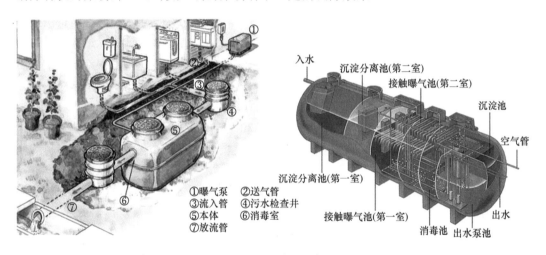

① 曝气泵　② 送气管
③ 流入管　④ 污水检查井
⑤ 本体　　⑥ 消毒室
⑦ 放流管

入水　沉淀分离池(第二室)　接触曝气池(第二室)　沉淀池　空气管　沉淀分离池(第一室)　接触曝气池(第一室)　消毒池　出水泵池　出水

图 3-10　日本净化槽

5. 经验总结

日本 2006 年的人口城镇化率约为 93%，而在同期日本乡村污水处理中，家庭式的污水处理仍占全部农村污水处理的 90%以上。可见，家庭污水系统在城乡高度一体化之后仍然是基础建设的一支重要力量。

从日本的农村污水处理实践中可以发现，相对于城市集中污水处理的方式，农村家庭式污水处理方式具有显著的优势。这种优势不仅体现在污水处理的效果和推行的便利程度上，也体现在具有更大的成本有效性上。分散污水处理最主要的缺点就在于其建设与后期维护运行的质量不容易得到保障。日本强制采用的第三方服务方式形成了一个完善的技术服务体系，在保证设施的正常运行、改善水质、促进农村污水处理的市场化方面发挥了巨大的作用。另外，日本的实践经验也表明，居民往往没有使用更先进技术的积极性，个人和家庭对此的支付意愿很低，因此在缺乏政府有效推进政策的情况下，家庭污水处理行业相关技术的改进和升级相当缓慢。

（二）垃圾处理

1. 垃圾产量与特征

日本在二战后经济开始发展，垃圾产生量变大。据统计，1955～1975年，日本年产生垃圾量从621万t增长到4217万t，每年需要支出大量的经费进行垃圾填埋。而且由于日本国土面积有限，日本政府发现可用做垃圾填埋的土地并不能满足快速增长的垃圾处理需求。特别是在20世纪八九十年代，日本的垃圾填埋场地出现严重短缺，同时民众反对建大型垃圾填埋场，原因是垃圾填埋场可能会造成环境污染，特别是垃圾填埋场可能有渗漏的情况。而采用垃圾焚烧也会出现问题，如产生二噁英等有毒气体，对空气造成污染，对居民健康造成巨大威胁。所以日本政府不得不大力推进垃圾回收利用。从90年代开始，日本政府开始大力提倡垃圾减量化，并将减少垃圾产生量作为法令的目标之一。到了2000年，日本政府要求形成资源循环利用的社会，大力推进"3R"（reduce、reuse、recycle）原则，即垃圾减量化、再利用和循环利用。此后，政府不断从法令上、民众宣传教育上及技术措施上都大力推进"3R"原则，至2000年后日本垃圾产生量出现下降情况。2000年日本垃圾产生量为5483万t，至2011年下降至4539万t。填埋的垃圾量不断减少，从1978年的2000万t下降至2012年的460万t。虽然这些数据都是城市生活垃圾的情况，但是在日本农村与城市都是采用一样严格的垃圾处理政策，特别是在垃圾分类上，日本的农村往往比城市分得更细。在城市垃圾主要分为可燃类、不可燃类和资源类三大类，可燃类垃圾又分为厨房垃圾、塑料产品和橡胶产品，不可燃类垃圾分为金属、碎玻璃等，资源类垃圾包括报纸、杂志、纸箱、牛奶盒子、衣服、布类等。而有些乡村的分类达到了二十多种，如日本大崎町生活垃圾分了27类，见表3-3。在垃圾分类上日本各地根据自身情况划定类别。同时每一种垃圾都要经过处理后才能放入分类箱，如牛奶瓶需要洗干净，可乐瓶需要将盖子和瓶身分离，商标纸与瓶身分开，均需要洗净后放入分类箱。

表3-3　日本大崎町生活垃圾27类

序号	类别	序号	类别	序号	类别	序号	类别
1	空罐	8	报纸、广告纸	15	荧光灯类	22	一次性筷子
2	可再利用瓶	9	杂志、日历	16	干电池类	23	陶器类
3	茶色瓶	10	复印纸	17	旧布、旧衣物	24	小家电
4	无色透明瓶	11	碎纸屑	18	废食用油	25	厨余垃圾
5	其他色瓶	12	纸盒	19	塑料类	26	普通垃圾
6	PET瓶	13	包装纸	20	喷雾罐类	27	大件垃圾
7	瓦楞纸板	14	其他纸质容器	21	金属类		

2. 法规政策体系

日本从二战后开始对垃圾处理进行立法。1954年，日本颁布了《公共清洁法》，要求国家和地方政府为市政部门收集和处置垃圾提供财政和技术支持，并且规定了居民有义务与市政部门合作。20世纪60年代，日本经历了惊人的经济增长，伴随着经济的腾飞，垃圾排出量也逐渐增大，许多地区垃圾处理设施极其不足，而挖坑填埋或者直接倾倒会造成大量次生污染。《关于生活环境设施发展的紧急措施法》及《废弃物处理及清扫相关法律》分别于1963年和1970年出台，垃圾焚烧补贴得以明确，使得垃圾处理开始进入一个新的时期。

日本最多曾有6000多座大小不一的垃圾焚烧厂。在1997年，大阪丰能町焚烧厂爆发了"二噁英事件"，这次事件迅速传遍全国，使得政府于2002年出台垃圾管理法调整了污染物控制标准，一些经过改造仍达不到标准的焚烧厂被迫关闭。目前日本只有约1300家垃圾焚烧厂。1980～1990年日本开始对垃圾进行回收利用，一方面推进垃圾处理设施的发展，另一方面控制垃圾产生和循环利用。这期间颁布了《广域海岸环境发展中心法》（1981年）、《环境基本法》（1993年）、《容器包装循环利用法》（1995年）、《家庭适用回收法》（1998年）。到了2000年后，日本大力推进"3R"措施，打造资源循环利用型社会。在2000年日本颁布了《循环型社会形成推进基本法》，该法提出，要减少废弃物的产生，促进资源的循环利用，还规定了减少产生、再利用、再生利用、回收热量、适当处理等的优先顺序。这一法律对于减少垃圾和提高废弃物利用率产生了重要作用。随后日本又陆续颁布了《食品循环法》，并多次修订了《废弃物处理及清扫相关法》（2000年、2003年、2006年、2010年），旨在促进全社会减少垃圾产生量、增加废弃物循环再利用率，严格禁止非法倾倒垃圾。

日本通过立法，使垃圾处理方式从一开始的无序倾倒、大量填埋到大量焚烧，再到缩减垃圾填埋量和焚烧量，开始推进垃圾减量化、分类回收再利用，最终形成一个健全的物质循环型社会。

3. 处理模式

日本注重农村垃圾分类收集，且规定非常细化。起初只分可燃类和不可燃类垃圾。随着垃圾分类回收利用的发展，垃圾分类也越发细化和复杂。据了解，日本的垃圾大致分为八大类：①可燃类垃圾，如厨余垃圾、衣服、革制品等；②不可燃类垃圾，如餐具、厨具、玻璃制品等；③粗大垃圾，如自行车、桌椅、微波炉等；④不可回收垃圾，如水泥、农具、废轮胎等；⑤塑料瓶类垃圾，如饮料、酒、酱油等产品的塑料瓶；⑥可回收塑料类垃圾，如商品的塑料包装袋、牙膏管、洗发水瓶子等；⑦有害垃圾，如干电池、水银式体温计等；⑧资源类垃圾，如报纸、杂志、硬纸箱等。这些分类不仅出现在东京这样的大城市，日本其他小城市及农村地区，垃圾分类也一样。例如，爱知县的一些城市将垃圾分为26类，熊本县水俣市24类。再如，德岛县上胜町在日本国内以垃圾分类细致而著称，分类竟达到34类之多。日本居民根据当地环卫部门的规定，都自觉地进行垃圾分类，日常垃圾用垃圾袋装好，按规定的时间放在规定的地点。在有些地方每周回收不同的垃圾，如可燃垃圾（包括果皮、菜渣等）是每周一、三、五扔；旧报纸是每周二扔；每月第四个周一可扔不可燃垃圾，如电池等。日本家庭每户都有统一分发的表格，写明可燃类垃圾、不可燃类垃圾、玻璃、罐头、电池等十余种类。这样的好处是，垃圾车装运同一种垃圾，可直接送到处理厂去处理，省工、省时。日本运送垃圾的垃圾车也很讲究，全部是自动封闭式、自动加压式，装车的垃圾可以自动压实，易拉罐之类的废弃物可以压扁成片。

一般情况下，农村垃圾分户收集后，统一运输、集中处理，前期详细的分类收集大大减少了后期资源化利用过程的难度。完善的垃圾管理机制有效保证了"最适量生产、最适量消费、最小量废弃"的经济增长模式，以及"环境立国"的发展战略。

日本的垃圾处理费用主要来源于农民缴纳的费用。收费标准有 3 种：①定额收费制，以人头或户为单位收取费用；②计量收费制，按照产生垃圾的数量缴费，垃圾数量多，则费用相应就高；③超量收费制，对于某些垃圾，在一定数量内免费，超量则要缴费。实行这种办法后，产生了比较好的效果，大大降低了垃圾的数量。

四、韩国

（一）污水处理

韩国的乡村河流整治非常有效，路边、村头随处可见小桥流水，河水清澈见底，芦苇、香蒲等水生植物生长繁茂，无论在河边的木栈道上游走，还是在小桥上驻足，都令人心旷神怡。然而，韩国这么好的乡村环境也不是一开始就有的，21 世纪初，韩国的乡村河流也是污水横流，河道内和岸边堆满了垃圾，经过几年的集中整治（图 3-11），才有了今天的美好环境。

图 3-11　韩国乡村河道整治照片

韩国政府在农村水污染控制中发挥着主导作用，并且是投资的主体。在污水处理工艺方面，针对农村污水水质特点和水量，韩国农村地区选择了多样的污水处理工艺，按采用数量多少排序分别为：生物膜法、高效组合工艺、氧化沟工艺、SBR 法（序批式活性污泥法）、AO 工艺和土地处理工艺，其中，生物膜法以及以其为核心的高效组合工艺是韩国农村污水处理中的最常用工艺（方法）。时下韩国比较流行一种自然与生态相结合的 新的处理工艺，即化粪池–厌氧生物滤池–上下流人工湿地组合工艺，该工艺运行效果好、维护简单，被认为是一种行之有效的农村污水处理工艺。在韩国乡村，多种规模的污水处理厂相结合，其中既有几十吨到一百吨日处理能力的小型污水处理厂，也有上万吨日处理能力的大型污水处理厂（图 3-12）。在建设方面，韩国政府是农村污水设施最主要的财政支持者，在运维管理方面，则致力于建立完善的民间专业组织，同时加强和引导群众参与的积极性。

图3-12　韩国居昌郡某污水处理厂

（二）垃圾处理

在韩国，生活垃圾管理的核心是垃圾分类制度。韩国的垃圾主要可分为五大类，分别为食品垃圾、一般垃圾、可回收垃圾、大型垃圾以及危险垃圾。不同类别的垃圾由不同公司分别收集、运输和处理，避免不同类垃圾在收集和运输过程中重新混合，且不同类型垃圾的收费规定也不同。分类回收的垃圾便于在垃圾处理厂分别进行处理。

五、国外经验总结

（一）重视立法，使乡村污水和垃圾治理有法可依

早在 1972 年美国联邦政府就颁布了《联邦水污染控制法修正案》《清洁水法》等法规。1983 年 5 月日本制定了《净化槽法》，并于 2000 年进行了修改，该法对分散污水治理进行全面规定，成为日本乡村分散污水治理的主要法律依据。

美国加大对乡村生活垃圾的处理，先后制定了《固体废弃物处置法》《资源回收法》《资源保护和恢复法》《危险和固体废物法修正案》等制度，做到有法可依。日本政府先后制定了《废弃物处理及清扫相关法律》《家庭适用回收法》《循环型社会形成推进基本法》等法规。

（二）建立有效的运维管理机制，污水设施管理水平高

美国的乡村污水治理高度重视用户自觉，用户有承担处理设施运营管理的责任。联邦以及州级政府采取低息贷款和共同建立水污染控制基金的资金支持方式。污水治理采用的运行模式有业主自主模式、专业维护模式、许可运行模式、机构管理模式和机构所有权模式。

日本污水处理主要有集中处理、单村处理和分散处理。净化槽的建设和运维有三种模式：一是完全由政府负责投资、设计和建设；二是由政府投资，交给污水处理企业设计、建设和运行；三是由污水处理企业负责投资、建设和运行。总务省和农林水产省负责管理村落公营的污水处理工程，各级自治体负责筹集建设费用，用户要负担基础水价加阶梯水价，以帮助处理工程收回运营成本和部分建设资金。

（三）强化垃圾分类，提高回收利用率，控制垃圾总量

德国生活垃圾都由市政集中进行收集、运输和处理。乡村农户日常的生物垃圾通过专门的生物垃圾桶被收集、切碎，并与真空管道系统收集的黑水一起汇入居住区的技术处理中心。两者的混合物先被高温净化处理和发酵，并用于居住区的绿化养护或卖给临近的农业联合组织。据统计，德国生活垃圾回收利用率高达 65%。从 20 世纪 90 年代开始日本政府大力提倡垃圾减量化，并将减少垃圾产生量作为法令的目标之一。在乡村垃圾治理中冠以强制、促进或者普及等概念，强化政府诱导和社会回应之间的互动。

第六节　国外乡村建设先进经验总结

国外发达国家乡村建设起步早，大部分已完成了农业现代化的转型，美丽乡村建设也基本完成。可以看出国外乡村建设资金投入较大，特别是日本、韩国等东亚国家，城市反哺乡村必须长期坚持；坚持"官民一体"，政府主导，"自上而下"的形式完成乡村初期建设，使农民素质在这个过程中得到了较大提高，从而激发了农民的积极性和创造性，又开始了"自下而上"的农村建设活动。乡村只有建设了良好的基础设施和公用配套设施才能吸引更多的人返回乡村参与乡村建设，同时也才能挖掘乡村更多的功能，如特色旅游。发达国家，一般由政府全方位主导乡村规划设计，政府颁布系统完善的乡村规划设计编制技术导则和要求，政府实行严格的乡村规划审批程序，政府监督乡村规划的实施。政府主导乡村规划设计资金，保障乡村规划设计的覆盖面、内容符合政府要求；注重培育特色乡村，塑造了一系列具有内生活力的特色乡村；乡村规划设计专业人才配备齐全，有着完备的乡村规划设计、审批、实施监督专业人才。乡村规划专业人才全覆盖编制、审批、实施三大环节。乡村规划专业人才培训模式多元化，包括全日制、半日制班等。

第四章 乡村建设重大问题研判及问题成因分析

第一节 乡村建设重大问题研判

一、风貌特色缺失、空间规划粗放

在新型城镇化发展进程中，有部分村庄受到建设性破坏或正在进行破坏性建设，地方传统风貌受到严峻考验，村庄建设风貌的设计和管理水平亟待提升。

（一）乡村风貌无特色

1) 我国村庄建设风貌趋同。一张设计图纸到处拷贝，一种房屋类型到处翻建，相同的材料、相同的色彩、相同的布局、相同的形式在四处呈现。传统村庄的地域特征、文化特色日益被破坏。盲目追求现代风格，文化特色日益被破坏，传统风貌缺失，对乡村文化沿革等自然人文特色资源挖掘不深、不科学；外来风格盛行，简单模仿城市风格，地方风貌特色缺失；乡村建筑风格、形式、颜色、材料或杂乱无章，或机械统一；缺少专业规划人才对乡村风貌特色进行系统塑造。

2) 我国村庄建设风貌异化现象也是乡村风貌无特色的另一种表现形式。部分地区为了塑造所谓的特色陷入另一种误区，不顾地方自然地理环境、社会经济发展情况、传统文化特征，挖空心思追求"千村千面"或"一村一貌"，使得村庄建设风貌脱离了村庄的社会、经济、文化等内在因素。

（二）空间规划粗放

乡村建设容积率不高、人均建设用地面积大；大量"空心村"、宅基地闲置，未得到充分利用；新建房屋选址随意，建筑间的空地难以利用。具体来说，主要表现在以下方面。

1) 乡村规划未精准体现生产力、生产关系发展的要求

乡村农业生产力水平决定其乡村农业生产关系，并构成了乡村社会关系结构的总体特征，进而影响了乡村聚落空间布局的模式，即我国的乡村人居空间格局是随着农业生产力的发展而不断演化的。空间是社会生产和再生产的背景容器，与社会生产关系密切相连，是生产关系强加给社会的秩序，并影响社会关系的再生产，这说明乡村人居空间与乡村农业生产力、生产关系具有紧密的联系。随着乡村生产力的发展，乡村生产关系发生变化，乡村空间布局模式逐渐不能适应新的发展要求，部分乡村地区出现了"空心村"、耕地抛荒等现象，这对新的乡村空间布局提出了新的要求。乡村规划的编制只有充分反映乡村生产力的进步，满足当前的乡村生产关系的变化，与乡村社会结构相匹配，才能精准地指导乡村建设。

2）乡村规划未精准体现产业发展要求。产业是乡村空间布局优化和乡村发展的重要动力，不同产业驱动的乡村发展特征、现状问题、发展趋势均不尽相同。识别不同类别的乡村产业特征、发展瓶颈，编制与产业发展相适应的乡村绿色规划，是优化乡村空间布局的关键。

3）乡村规划未精准体现生态发展要求。生态作为乡村发展的核心资源和最大优势，不仅是乡村振兴的关键点，也是乡村空间布局优化的重要影响因素。乡村空间生态规划是目前研究的薄弱环节，对乡村的"山水林田湖草"等生态环境资源进行评价和分析并建立认知，是生态规划的基本前提。

4）乡村规划未精准体现乡村宏观发展趋势要求。我国城镇化的特点决定了城乡二元角色将长期存在。尽管城镇化正经历快速"时空压缩"（time-space compression）进程，但依附于农村户籍的土地红利日益显现，未来我国仍将维系相当数量的"农村人口"。在国家政策的支持下，我国农村土地权利制度壁垒的逐渐开放和社会资本的涌入趋势已日益明朗，乡村地区的发展将不再是一个城镇化背景下"资源要素"单向供给、整体走向凋敝的过程。参照西方发达经济体的一般经验，城镇化发展到一定阶段，随着资金、技术、人口向乡村地区回流，乡村地区人居空间发展将会迎来一轮"自下而上"的内生发展动力。

（三）乡村规划缺乏可持续性

乡村建设的另外一个重要问题是乡村建设规划一变再变，没有按照制定的发展蓝图绘到底。

二、农房建造质量堪忧

1）存量危房比例仍然较高。2016年末村镇住宅面积达256.1亿 m^2，较2008年增幅12.72%。但同时需要改造的农村危房比例也在不断攀升，自2008年起农村危房改造任务数量仅占全国农房的0.02%，至2019年已上升至14.14%。说明新建农房建造水平一直在低水平循环，整体建造质量不高。

2）抗震、防火等防灾措施欠缺。长期以来，农村农房一直延续"自主建造"的模式，缺少基本的结构安全构造和防灾措施，居住安全亟待提高。

3）农房居住舒适性、功能性差。

乡村社会的基层组织，是落实自主建造过程中各种控制要素的重要载体。传统乡村社会中，政府权力延伸至县级为止，乡村一直以宗族的自治作为治理的主要形式。乡村自主建造在社会礼俗的约束之下，在以血缘为基础所构成的基层组织带领下有序运行。从传统社会乡村自主建造模式可以看出，乡村社会的基层组织在协调乡村内部各种关系方面更为灵活，也更具有针对性，而"自上而下"的政府管控，势必无法深入自主建造过程的方方面面，因此，现代乡村自主建造的控制和引导，必须下放政府的监管权利，加强乡村基层组织的建设，使其成为协调自主建造各方面关系的主要组织者。

三、人居环境亟待改善

长期以来，由于缺少乡村废弃物排放相关的法律制度和监督机制，我国乡村人居环境遭到破坏。与发达国家相比，我国乡村环境还存在非常大的差距，乡村环境治理还有很长的路要走。主要表现在以下方面。

1）水体污染严重，污水直接排放现象仍普遍存在。目前，乡村生活污水处理村庄覆盖率仅 20%，绝大多数生活污水未经处理直接排放，再加上养殖业污染、乡村工业污染和农业面源污染，致使乡村水环境污染极其严重，影响饮用水质量，严重威胁村民健康生活。

2）垃圾无序堆放现象仍大量存在。截至 2018 年底，全国排查出的 2.4 万个非正规垃圾堆放点中，仍有 53%未清理。另外，仍有大量垃圾无序排放，随意丢弃在田间、村头、河沟，导致水体和土壤污染。

3）乡村能源结构不优，能源利用效率低。煤炭和秸秆直燃占比分别达到 43%和 32%，导致环境污染，不仅使得农宅的宜居性差，而且对整个大气环境造成不良影响。采暖用能占总用能的 42%，北方地区采暖能耗达到 52%。农宅围护结构热工性能差，采暖设备效率低，致使能源利用效率低，北方冬季农宅室内温度难以达到 10℃，严重影响农村建筑的宜居性。我国建筑能耗与发达国家相比较低，户均以及每平方米住宅能耗仅为美国的 1/4。我国乡村的能源利用与城市存在差距。乡村直接燃烧秸秆占其总能耗的 32%，这在城市是基本不存在的；乡村能耗中液化气占比 4%，基本没有天然气能源供给，而城市天然气普及率已达 95.75%；乡村能耗中煤炭占 43%，且以散煤为主，乡村普遍采用的小型燃煤炉热效率仅为城市大型锅炉的 50%左右。

在我国乡村能源系统建设中，可能将会碰到以下一些问题。

1）城乡二元结构体系短期难以改变，城乡能源设施共建共构的推进存在困难。

2）我国是一个"多煤、少油、贫气"的国家，在供气设施向乡村延伸过程中，可能出现天然气供给不足的问题。

3）北方农宅供暖能耗占生活总能耗的 53.6%，部分省份达 60%以上，农宅缺少节能保温措施和采暖炉具效率低下是主要原因，然而北方农宅量大面广，节能改造工程量巨大、任务艰巨。

第二节　乡村建设重大问题成因分析

一、乡村建设理念滞后

1）盲目模仿城市建设模式，大广场、宽马路盛行。对地方特色资源价值认识不足，把好的稀缺资源当成不好的，随意破坏；把与地方自然、历史环境格格不入的形式、做法当作好的，到处复制。

2）环境保护意识薄弱。人们的环境保护意识不强，没有充分认识到垃圾、污水随意排放对环境的危害，以及对当代和后代人身体健康的影响，是导致环境污染的重要原因。

3）乡村规划的"精度"不够。乡村规划是乡村建设的龙头。我国编制了大量的乡村规划，通过行政命令推进乡村规划全覆盖，但乡村"破坏性建设"和"建设性破坏"层出不穷。许多乡村规划成了面子工程，"规划规划，纸上画画，墙上挂挂"。

4）乡村文化在我国当前时代背景下存在着诸多问题，这些问题来源于乡村与外部人员、信息、技术、资金的加速双向流动，由此造成了原本基于传统生产、生活、生态关系的传统乡村文化逐步消解。主要表现为三大冲突：①现代文化与传统文化的冲突；②外来文化与本土文化的冲突；③中心文化与边缘文化的冲突。乡村风貌特色的持续动力是乡村文化。乡村风貌的保护与传承更容易受到乡村文化的影响，而三大文化冲突下的乡村风貌必须思考如何适应新时代下的乡村文化。

5）乡村建筑作为乡村风貌的核心载体没有发挥应当发挥的作用。建筑表现需要结合乡村建筑智能建造产业。基于建筑智能建造产业的建筑体系一方面能够对采光、通风等环境因素进行模拟与优化，同时也能够提供规范化的建筑保温隔热系统，使建筑的热工性能得到显著提升。智能化的建筑设计方法能够更有效地整合人文、美学等方面的因素，在建筑形态和风格方面充分考虑整体村落风貌和传统文化，在建造材料、建筑形式方面挖掘传统建造工艺，利用数字设计与智能建造技术对传统文化进行重新演绎，实现文化、美学与技术的共生。

6）适用技术未起到对实施乡村规划的有效支撑。面对我国乡村人居环境原始、低效、粗放发展的格局，亟须提倡适用技术的理念，制定适用技术政策，指导乡村规划建设科学发展，满足乡村人民日益增长的美好生活需要。一方面，随着科技的蓬勃发展，我国研究了大量技术手段，但部分技术缺少适用性而得不到利用；另一方面乡村环境整治中问题很多，却又缺乏技术处理，在规划建设中需要匹配集成运用，不同地域的乡村所采用的适用技术程度应针对自身条件来进行选择。适用技术不是孤立的技术，结合村庄的产业发展、生态规划、社会文化是根本。目前乡村庭院营造硬质铺地材料过多、单体建筑生态技术不能很好地结合地方气候、生活方式和生产需求，缺乏生态适用技术的支持。乡村产业的发展与适用技术相脱节，没能用适用技术提升乡村产业的规模。适应地方乡村文化特点的规划才是一种环境友好的绿色规划，在此过程中需要适用技术融入，如在微观层面需要保留和传承建筑、构筑、小品等的元素符号与传统的技艺做法，体现传统乡村文化的特征。尽管适用技术理论在西方国家和地区起步较早且相对完善，但国内学者的研究主要针对某一地区、建筑单体或某一类型的适用技术，缺少系统性和整体性，且没有进行大面积推广。乡村人居环境改善离不开乡村适用技术的支撑。我国东部、中部、西部农村地区的经济发展水平差异很大。在东部沿海发达地区的农村，可能认为不是十分昂贵的规划和建造技术，但是对于西部农村地区来说在经济上可能无法承受。在经济发达地区的村庄，太阳能屋面板可以结合公共设施屋顶进行大面积设置从而解决热水集中供应问题，屋顶雨水大面积集中收集之后可以作为灰色水（中水）系统使用，而对于落后地区的农村，则难以采用初次投资较大或运营维护成本较高的规划和建造技术，而应提倡采用适用技术解决发展需求。

二、乡村建设人才短缺

我国乡村地域面积广泛，乡村聚落数量众多，基层干部和各类人才的培训数量远远不能满足乡村振兴的现实需要。总体上来看，乡村规划、设计、施工人才短缺。

1）规划人才奇缺。据统计，2015 年我国规划人员为 30 万人，注册规划师总人数为 18 520 人，占规划从业人员的 6.17%。目前我国平均每村规划人员数量为 0.12 人，平均每个乡镇拥有村镇建设管理机构的个数为 0.74 个，村镇建设管理人员 1.88 人。

2）专业从事乡村设计的人员稀缺。规划设计人员大都从事城市规划设计，专事乡村规划的人员比例太低，精通乡村规划设计的专业人员更是凤毛麟角。相对于城市，农村的整体现状和资源配置情况难以支撑建筑师及建筑企业扎根农村，因此几乎所有农宅都没有进行专业设计，均为村民相互参考，自行决策户型及材料。

3）乡村建设缺少专业施工队施工。当前我国广大农村地区，甚至包括部分经济发达的农村地区，农房建造主要还是采用"村民自建"的建造模式，乡村建设缺少专业"质监站"监督，县乡政府人员编制有限，农村地区面积大、房屋分散，无法对全域的农房建造质量进行有效监督和控制，且专职管理人员也无法保证其专业技术能力。

4）基础设施维护管理专业人才短缺。乡村缺少污水处理等基础设施的维护管理专业技术人才，导致设施管理维修不及时，停滞率高。

三、乡村建设投入不足

1）乡村建设资金投入不足。据统计，2017 年，共有村庄（自然村）245 万个，村庄建设投入 9167 亿元，其中房屋建设投入 6638 亿元，市政公用设施建设投入 2529 亿元。平均每个村庄投入 37.4 万元，其中房屋建设投入 27.1 万元，市政公用设施建设投入 10.3 万元。

2）乡村规划编制资金投入不足。据统计，2017 年，我国乡镇投入规划编制经费为 67 728 万元，平均每个乡镇规划编制经费约为 6.5 万元。

3）乡村风貌挖掘、文化传承、特色保护的资金投入不足。大量未列入保护名录的村落的风貌挖掘、文化传承、特色保护，几乎没有资金投入。

4）乡村文化建设资金投入不足。由于传统文化的逐步消解，传统的乡村文化需要外部资源的投入来维持其运行，如乡村古戏台等文化标志如无旅游、传统文化保护等支撑，已很难有自发性活动。而新的乡村文化如不是有机地嵌入乡村生产生活，同样无法依靠自身维持运行。例如，乡村风貌营造过程中大量使用花卉、草皮等非乡土手法带来了后期维护成本增加而难以为继。

5）乡村生态环境建设资金投入不足。宏观上，不同区域的敏感程度定位往往与相关利益主体之间存在矛盾，造成空间资源无法完成合理分配。在乡村规划建设过程中，政府、开发商、村委会、村民均是环境利益需求主体，应当通过联合搭建稳定的生态服务支撑平台，建立完善的资金投入和生态补偿机制。但是在实际操作过程中，生态建设资金主要依靠财政资金支持，乡村社区由于缺少产业支撑，集体经济薄弱，自主投入不足，而社会资本作用在生态建设中没有得到充分发挥。政府作为乡村规划建设的组织者和管理者，在资金投入方面，未能搭建生态建设的市场平台，通过多种政策手段进行市场筹资，从而无法调动各主体的生态建设积极性，进而造成市场恶性循环，致使在经济开发与生态环境保护过程中出现失衡，为了追求片面的经济利益，部分资源被过度开发。微观上，由于低成本的规划建设措施尚未得到挖掘和普及，建设资金的短缺造成乡村环境设施不健全，垃圾收集及污水处理等设施的缺乏造成居住环境质量差。在村庄建设层面，大量建筑多以快速高效完工为目标，多数村民选择使用市场上价格低廉的建筑材料。

6）乡村基础设施建设、人居环境治理的资金投入不足。具体表现在，乡村大型沼气工程等清洁能源开发利用设施建设投入资金不足；污水处理设施建设和运行费用高，资金缺口较大；垃圾混合排放，导致垃圾清运量大，财政负担重。

四、乡村建设管控不力

1）乡村规划设计管控不力。具体表现在无序建房、不按规划建房，规划编制形同虚设；无图建房，部分乡村规划未覆盖，处于一种任其发展的状态之中。

2）农房建造管控体系尚不健全，监管能力弱。具体表现在，缺少系统的标准规范；农村农房建造缺少严格的监管体系；农村农房建造缺少具体的管控流程；农村农房建造缺少必要的技术指导。

3）乡村污水处理等基础设施长效运维管理机制尚未建立。具体表现在，法律法规体系不健全，非法排放监管不力，因地制宜的污水排放标准短缺，适宜的技术工艺指南匮乏。

第五章　新型乡村建设战略

第一节　新型乡村建设的愿景与目标

一、新型乡村建设的愿景

新型乡村建设的愿景是要让新型乡村成为 2035 年国家实施"乡村振兴战略"的重要成果之一。乡村建设的具体愿景如下。

1）让农业成为有奔头的产业。

2）让农村成为安居乐业、生态宜居的美丽家园。

3）让乡村住房和基础设施高质量的安全运行得到系统保障。

通过乡村绿色规划设计、绿色建造与施工、能源高效利用与新能源开发等措施，解决目前乡村风貌特色缺失、空间规划粗放、农房建造质量堪忧、人居环境亟待改善等问题，形成具有"净""绿""亮""美""文""富"特色的新型乡村。

1）净。从改水改厕、村道硬化、污水、垃圾治理等方面提升农村生产生活的便利性，全面改造村容村貌，促进农村人居环境大提升。

2）绿。秉承习近平总书记"绿水青山就是金山银山"的理念，因地制宜鼓励农户种植花草果木、提升乡村景观。

3）亮。完善农村照明工程，发展低碳经济，提高可再生能源的使用比例，有效提升村容村貌。

4）美。创建示范村、建设整治村，以点串线，连线成片，再以星火燎原之势全域推进农村人居环境改善，改善村庄从整体到局部的风貌环境。

5）文。以文化定桩，关注构成传统村落风貌特征的物质要素，体现风貌特征，加强农村公共文化建设，健全乡村公共文化服务体系。重视文化特色、文化保护、文化传承、文化创新和文明育人。

6）富。以村民生活富裕作为乡村绿色规划设计的出发点和最终目标，使乡村绿色规划设计成为促进村民生活富裕的重要手段。

二、新型乡村建设的目标

1）到 2035 年，"多规合一"城乡融合发展的空间格局基本形成。县域空间规划和各类专项规划高度融合，乡村产业发展、基础设施、公共服务、资源能源、生态环境保护等空间布局科学合理，田园乡村与现代城镇各具特色、交相辉映的城乡发展形态基本形成。

2）到 2035 年，"绿色建造"理念贯彻乡村农房建造全过程。专业化建造管理模式和管控体系全面落实，乡村农房设计、施工、维护及管理实现专业化整合、提升，在实现居住安全、安心的基础上提升功能性和舒适性，着力打造结构安全、功能现代、风貌乡土、成本经济和绿色环保的新型农房。让乡村农民与城市居民享有同样的居住环境，实现乡村建筑业的高质量发展。

3）到 2035 年，能源设施纳入基础设施体系，实现城乡共建共享，基本实现城乡能源供给均等化。乡村能源结构得到优化，燃煤和秸秆直燃比例大幅降低，清洁能源利用比例大幅提升，能源利用效率显著提高，农宅室内环境品质得到根本改善，农民生活品质显著提高。乡村群众得到实实在在的幸福感，乡村成为具有吸引力的地方。

4）到 2035 年，全国范围乡村环境治理工作基本完成，乡村生态环境得到极大改善，进入美丽乡村建设阶段。其中，东部地区完成美丽乡村建设，达到发达国家乡村建设水平；中西部地区污水和垃圾治理工作基本完成，乡村环境得到大幅提升，进入美丽乡村建设阶段；偏远的经济欠发达地区，道路、供水、供电等基础设施全覆盖，基本实现垃圾处理全覆盖，粪污得到资源化利用。

第二节　新型乡村建设总体发展思路

强化党对乡村建设的领导，秉承"绿水青山就是金山银山"理念，坚持尊重、顺应和保护自然生态的发展思路，统筹"山水林田湖草"与村庄的总体规划建设，以农村垃圾、污水治理和村容村貌提升为重点，落实节约优先、保护优先、自然生态恢复优先的方针，优化乡村生产、生活、生态空间，分类推进乡村建设，努力提高农房设计水平，重视乡村风貌保护和传承，突出乡土特色和民族住房特点，加快通村入户道路建设，加速村庄公共照明设施和公共空间的构建，整治庭院环境，建设生活环境优美、人与自然和谐的美丽宜居乡村。

1）结合各级乡村振兴规划的编制和实施，加强对建设规划的统筹管理和系统衔接，通过部署重大工程建设，推动对农业农村发展的支持。注意立足主体功能区战略，统筹城乡生产空间、生活空间、生态空间的引领作用，支撑乡村振兴和优化空间布局。

2）结合各地、各类乡村的实际情况，因地制宜地制定阶段性发展目标。引导村民提升居住安全意识，推动农房高质量建造。立足于满足村民的基本需求，有序推进绿色建造。整合和依靠乡村周边城市的工业基础、人力资源、资金资本和专业机构等各方资源，支撑乡村绿色建造发展。

3）在乡村能源利用方面，坚持因地制宜、多能互补、城乡均等、清洁高效的原则，有效解决乡村能源供给问题，保障乡村能源安全。

4）在乡村人居环境建设方面，注意遵循"环境优先、因地制宜、成熟稳定、运管方便、投资经济"的原则，以生态宜居为前提，充分考虑城乡统筹发展、经济社会状况、环境功能区划和乡村人口分布等因素，选择切实可行的垃圾、污水治理和能源供给模式。

第三节 新型乡村建设重点工作

一、绿色规划与设计

（一）促进城乡共构

所谓"城乡共构"（urban-rural co-construction，URCC），是指基于城乡关系的复杂性，通过跨学科和多向量研究，认识在不断增长的城镇化廊道中的城乡之间相互依存的关系，并通过政策设计、规划和治理，共同建构实现城乡社会、生态、经济和文化可持续发展的路径。"城乡共构"强调城乡联系和关键要素的技术创新，探索城乡联系的潜力，解决城市增长区与其农村腹地之间的两极分化问题，促进乡村可持续转型。

1. 城乡生态系统的共构

这是城乡共构的重要基础。之前城乡二元结构总体上使城乡呈隔离状态，而且城市发展一定程度上以牺牲区域生态系统为代价；而乡村生态系统持续衰退和环境恶化，导致了城乡生态系统碎片化，无法承担区域生态可持续发展的重任。因此，"城乡共构"对于区域内的城市和乡村，首先需要构建共同的城乡生态支撑系统，制定相应的环境标准和政策措施，促进可持续发展的经济模式。这也是乡村生态振兴的重要保障。

在城乡生态系统总体要求下，通过绿色基础设施建构城市和乡村的绿色空间网络，把山、水、林、田、湖、草等所有要素组成一个相互联系、有机统一的生态网络系统，该系统自身也可以调蓄暴雨，减少洪水危害，并改善水体环境，节约城市管理成本。

2. 市政基础设施和公共服务设施的"城乡共构"

经济水平较为发达的地区，应率先建构城市与乡村之间的市政基础设施和公共服务设施的统一标准、统一网络、统一服务水平。通过城乡国土空间总体规划，对市政基础设施和公共服务设施的用地做好统筹安排，并通过政府自身或者由政府组织社会资本进行有计划投资，消除城乡在发展质量上的差别。市政基础设施包括道路和交通工具的连接，电力电信、燃气供热、污水治理、垃圾和环境卫生管理，特别是保障居民饮用水的"共同品质"（简称"共质"）。

保障公共服务设施方面，特别是医疗和教育方面的"共质"。只有这样，才能有效并且可持续地促进城乡要素双向流动，为乡村地区系统化转型和可持续发展提供社会基础。

3. 以乡村文化遗产的活化再生促进"城乡共构"

我国长期处于农耕社会发展阶段，其耕读文化营造了传统村落，并积淀了优秀的传统文化。通过"文化定桩"，挖掘并提炼乡村优秀传统文化，充分重视对历史文化遗产的保护和利用，并通过创造性转化、创新性发展的"双创"过程，促进城乡要素流动，从而开发具有地方特色的可持续经济模式，提供就业岗位，为乡村文化振兴、产业振兴提供支撑。

我国各地乡村在特定发展时期，特别是 20 世纪计划经济时期（包括人民公社时期）

遗存了大量集体资产，如供销社、粮站、兽医站与卫生站，甚至乡公所等公共设施及其场地，由于权属复杂等多种原因，至今还有相当一部分仍处于废弃状态，资源浪费严重。这些设施已经历半个多世纪，可视为人民公社的历史遗产，可视其建筑质量优劣程度加以保护和再利用。可加强城市要素引入和流动，为满足当下乡村新的设施需求提供条件。一些乡村地区传统村落的村民住宅本身也可以作为文化遗产加以保护和利用。

4. 技术创新促进"城乡共构"

我国自改革开放以来的快速城镇化，一方面造就了城市规模增长和城市空前繁荣，另一方面也持续拉大了城乡之间的差距，一些地区城乡两极分化十分严重。因此，当前在我国新的发展时期，需要关注有效解决城乡发展的不平衡问题，推进技术创新，并通过"城乡共构"实现新技术应用在城乡之间的对接。例如，对于广大乡村地区的农业种植业等可再生资源的利用，尤其是生物质能作为再生能源的有效利用，需要制定有针对性的地方政策，鼓励并促进城乡之间制定共同的相关技术标准。通过技术创新，为城乡可持续能源结构的构建提供保障。

（二）探索乡村振兴路径

1. 优化乡村空间布局，强调与城市要素建立互动关联

基于"城乡共构"的乡村振兴路径，应该围绕乡村振兴的总体方针展开探讨。产业振兴、人才振兴、文化振兴、生态振兴和组织振兴，这些乡村振兴的分项目标需要结合乡村地方实际，从而选择它（们）率先与城市要素建立互动关联，找准接口，并传递信息，形成共构联系（图5-1）。

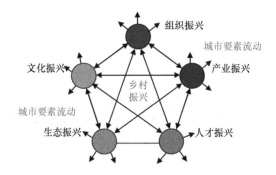

图5-1 乡村振兴分项目标与城市要素的流动示意图

2. 精确乡村类型划分，探索基于不同地域类型的乡村振兴路径

这里的地域类型主要是指乡村与城市的地理空间关系类型。例如，大城市周边的郊区乡村、城镇化空间廊道关联乡村，以及传统农业地区乡村，这些不同地域类型的乡村，由于交通联系差异，它们与周边城市之间的社会、经济和文化等要素流动呈现不同频度，因而它们在城镇化过程中的角色均有所不同，导致它们在"城乡共构"的互动关联上的程度不同。只有对乡村空间的地理特点加以区别对待，才能精准地看待乡村作为战略资源的不同内涵。把乡村地理空间关系与乡村振兴的分项目标建立关联，就可以思考并找出乡村振兴的各自路径（图5-2）。

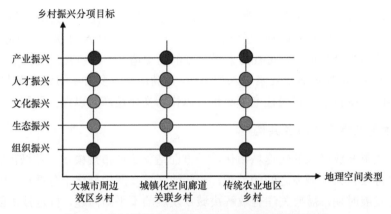

图 5-2　乡村振兴分项目标与不同地理空间的矩阵图

3. 划分乡村产业类型，探索基于不同经济水平类型的乡村振兴路径

乡村振兴路径应当区分乡村所处的不同经济水平（图 5-3）。例如，经济十分发达地区乡村、经济中等发展水平乡村，以及经济落后地区乡村，当然相应地这些地区城乡居（村）民收入水平与地区经济发达水平呈正相关性。不同经济水平的乡村与各自周边城市之间的社会、经济和文化等要素流动呈现不同强度，因而它们在城镇化过程中的角色也相应地有所不同，使得它们在"城乡共构"的互动关联上的程度不同。只有对乡村空间的经济水平阶段加以区别对待，才能精准地看待乡村作为战略资源的不同内涵。

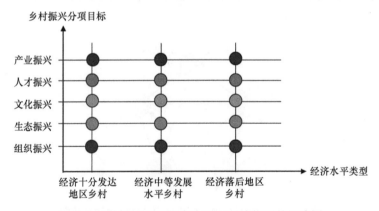

图 5-3　乡村振兴分项目标与不同经济水平的矩阵图

4. 探索基于"城乡共构"的乡村振兴路径

根据上述乡村振兴分项目标与乡村地理空间、经济水平建构的关联，建构三者之间的矩阵关系图：基于"城乡共构"的乡村振兴多元路径矩阵图（图 5-4）。在 X（乡村地理空间）、Y（乡村经济水平）、Z（乡村振兴分项目标）3 个坐标相互关系下，可以构建关于"城乡共构"视角下的乡村振兴多元路径概念模式，共有 45 个交汇点。在实践运用时，还要综合考虑乡村地理气候、地形地貌差异和区域环境下的基础设施条件，以及地方历史文化独特性。

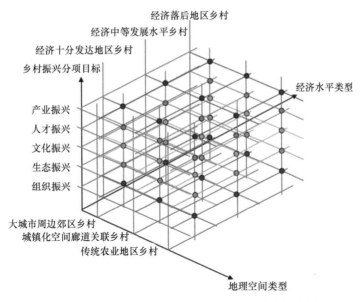

图 5-4　基于"城乡共构"的乡村振兴多元路径矩阵图

二、绿色建造与施工

1）建立针对农房建造的质量管控模式。健全农房建造管理流程，明确责任主体、管理范围和管理责任，创新管理方法和手段，推动质量监管全覆盖。规范和完善乡村建设技术标准体系。

2）将功能性和舒适性指标纳入危房改造和农村建设试点工作。通过完善目标体系，引入功能性和舒适性指标，实现农房结构安全、功能提升和过程环保。

三、能源高效利用与新能源开发

1）优化乡村能源结构，鼓励常规能源供应及服务网络向乡村延伸。优化乡村能源结构，大力发展太阳能、生物质能、沼气能等清洁能源，加快新一轮电网升级改造，推动供气设施向乡村延伸。加强乡村电力建设，做好电力普遍服务的政策和措施支撑，不断增强乡村电力可持续发展能力。在乡村地区建设燃气、煤炭等常规商品能源的供应和服务网点，充分发挥电力、燃气在解决乡村生活用能中的作用，鼓励有条件的地区利用清洁能源解决炊事和供暖问题。

2）积极推进生物质能的利用。加快推进生物质热电联产、生物质供热、规模化生物质天然气和规模化大型沼气等燃料清洁化工程。利用畜禽养殖废弃物、农作物秸秆和林业剩余物等生物质资源，采用沼气、生物质气化、成型燃料等方式提供生活用能，鼓励建设大型沼气工程、生物质气化集中供气工程、生物质燃料集中供暖工程等，采用小型区域管网和物业式服务的方式提供乡村生活能源。

3）大力推广太阳能热利用技术。支持农户使用太阳能热水器、太阳灶，建设太阳房和太阳能采暖设施，鼓励在学校、医院等公共建筑中建设集中式太阳能供热工程。

4）进一步推进北方地区乡村住宅节能改造。北方乡村建筑节能的关键是采暖节能。

提高建筑热工性能和采暖设备热效率，能够大大降低能耗，实现建筑节能。

5）推进乡村大型沼气工程建设。沼气工程既能解决废弃物处理问题，又能解决能源供给问题，一举两得。对于气候适宜的地区鼓励沼气工程建设，尤其是大型沼气工程建设，能够利用先进技术保证沼气品质。

四、人居环境治理

1）因地制宜地推进生活污水处理设施建设，提高乡村污水处理率。在选取治理技术模式上，应该遵循"环境优先、因地制宜、成熟稳定、运管方便、投资经济"的原则，充分考虑城乡统筹发展、经济社会状况、环境功能区划和乡村人口分布等因素，切实可行地选择污水治理技术模式。

2）继续完成"厕所革命"。在乡村持续推进厕所改造，改善卫生条件，推进粪污无害化处理和资源化利用。

3）进一步强化垃圾分类，提高垃圾资源化回收利用率，减少垃圾最终处置量。对于不可回收且不易腐烂垃圾，以及有毒有害垃圾，采取"村收集、镇转运、县处理"模式，运输至县级垃圾处理厂处理，严禁随意丢弃和露天焚烧。

4）推进乡村堆肥设施建设。堆肥技术将秸秆、粪污变废为宝，形成堆肥产品，用于农业土壤改良，适宜在乡村应用。对于可腐烂垃圾，适宜在乡村就地堆肥处理，减少运输至县级垃圾处理厂处置。鼓励家用小型堆肥设施和大型堆肥厂建设。

第四节　新型乡村建设措施

一、规划先行、特色引领、因地制宜

优化空间布局。在乡村"精明收缩"和城乡要素回流的前提下，分析村民日常生活、生产及生态环境特点，统筹利用生产空间，合理布局生活空间，严格保护生态空间，注重当地传统乡村风貌的传承与更新。

以《乡村建设规划许可证》制度为依托，地方出台具体办法和细则，并以此为依据，对社会主体、集体、个人等的建设行为进行规划审批、许可和验收管理。

加强对于乡村文化特色的调研分析。乡村风貌体现乡土文化风貌特色，尽可能避免采用城镇化的景观营造手法。强化对于乡村传统文化、技艺的传承，并通过体验、展示、教育等方式进行活化。鼓励采用循环农业、生态护岸、水系疏通等体现传统乡村生态文化理念的措施。文化活动设施、场地有效对接村民需求。

乡村规划应"因地制宜、一村一制"。乡村生态规划应延续其独特的空间地域文化特色和社会组织体系。要密切关注村民当下的生产生活需求，以村民易接受、好操作为基本原则，结合不同类型村庄的产业发展模式与村民生计，有针对性地建立村民的总体环境认知，强调生态规划技术的在地性，既要结合当地村民的实际需求与接受能力，又要尊重其生活习惯和传统习俗。

适用技术推广。在外国乡村民居适用技术的启发下，国内许多研究团队利用各自研发优势，不断寻找和导入适用于乡村改造的建筑技术、建筑新材料，探索适用于中国乡村振兴的地方村庄建设风貌导则。《黄岩村庄建设风貌控制技术导则》《黄岩村庄建设风貌控制管理办法》等具有典型代表性的研究成果形成了菜单化技术应用和管控模式，可推广应用，在此过程中可检验其普适性，并在此基础上形成覆盖区域乃至全国的风貌技术导则和管理办法。

二、完善法规制度建设

1）建立乡村建设的法律法规体系，建立健全制度、政策、标准规范，让乡村建设有法可依、有标准可参。形成规划许可证与建设条件挂钩的空间治理制度。乡村规划在促进乡村振兴发展，实现美丽乡村建设中起重要作用。在未来的乡村振兴工作中，应加快推进乡村规划实施机制研究相关研究成果向村庄规范转换，村庄规划实施管理相关政策推广要因地制宜，并且加快相关机制实施，如驻村规划师制度在其他地区内的推广。

周锐波等（2011）指出，村庄规划的实施从本质上看，是村庄公共事务的治理和公共产品的供给。理想的村庄规划实施机制应该是：长效管理机制上，应引导村民及村集体表达自身需求及村庄面临困境，激发村民对家乡的喜爱和期望，引导村民、村集体、政府共同解决问题；规划技术支持上，成都乡村规划师制度值得在全国范围内推广，规划师应针对村民的需求，在充分了解村庄历史文化的基础上，引导村民选择切实可行的方案；在资金投入机制上，结合政府及村庄力量，并鼓励工商资本参与乡村振兴，为乡村持续发展注入活力；在实施推进模式上，结合村庄具体需要落实的项目以及财力状况制定具体可行的实施方案计划，最终解决村民需求与村庄困境，推动村庄规划有效落实。例如，鼓励大型沼气工程建设的政策等。此外，还应加大法规制度的宣传，提高村民的责任意识。

2）加强党建引领。在我国当代的乡村发展中，党建引领深入乡村发展的方方面面，必须充分发挥其对于乡村建设的巨大作用。有了乡村振兴这个"总抓手"，可以让农民感觉党和政府在为他们办实事，提高农民的配合度、积极性，可以激活基层党员干部的荣誉感，提升基层党组织在群众中的威信，层层压实和巩固党在基层的执政之基。

如《广州市乡村建设规划许可实施办法》要求：区人民政府负责统筹协调辖区内《乡村建设规划许可证》的核发工作，保障《乡村建设规划许可证》实施。镇、街受市国土资源和规划部门委托，负责辖区内村民个人非公寓式住宅建设的规划许可审批、批后监管、规划核实等工作。镇、街应当确定一个工作部门为具体经办部门（以下简称镇、街经办部门），具体负责办理辖区内村民个人非公寓式住宅建设的规划许可审批、批后监管、规划核实等工作，为村民提供地形图等相关资料以及咨询服务（第三条）。本市实施乡村建设规划许可应当遵循先规划、后许可、再建设（第四条）。鼓励村民个人建房设计方案选用市住房城乡建设主管部门制定的《美丽乡村民居设计图集》。相关区人民政府、镇、街可以市住房城乡建设主管部门颁布的《美丽乡村民居设计图集》为基础，结合本地实际情况另行编制图集。编制图集应当突出岭南乡村建筑风格和当地文化传统特色，尽量做到外立面、色彩等一致。村民个人建房未选用《美丽乡村民居设计图集》中的设计方案，自行设计方案发生的费用，由村民个人承担（第五条）。对《广州市乡村建设规划许可证实施办法》（2017年）进行了进一步的解释。并对包括建筑高度控制、建筑类型、建筑规模控制、建筑的最小间距、退让等进行了通则式的规定；进一步明确和严格化核发《乡村建设规划许可证》应当符合的条件：非公寓式村民住宅建设规划许可需①符合"一户一宅"的规定；②符合土地利用总体规划；③符合城市、镇总体规划；④符合村庄规划；⑤建筑基底面积、建筑面积、建筑间距、建筑外立面、建筑高度以及房屋使用功能等应符合国家、省、市等法律、法规、规章及本实施细则有关的规定。

三、加大政府投入力度

进一步加大政府财政支出对乡村建设的倾斜，发挥企业、非政府组织、村民等社会力量参与乡村建设。重点投入以下方面：乡村建设法定规划编制、乡村文化挖掘、乡村公共设施和基础设施建设、乡村人居环境治理与特色塑造、乡村建筑节能改造等。

四、加大人才培训力度

乡村振兴战略，是新时代"三农"工作的总抓手，亦是"三农"工作理论和实践的升级版，这对基层干部等"三农"工作人员的理论水平和实践能力提出了更多的要求。构建系统化培训体系，满足省、市、县、乡、村各级人员培训与教学需求，加大培训力度，培养更多的乡村建设人才（特别是乡村规划师人才、特色风貌建设人才、适用技术推广人才）成为一项紧迫任务。

加强乡村农房建造人才培训。施工人员是农村建设和农房建造的直接参与者，由于农村建设质量管控体系尚未健全，施工人员的技术水平直接决定着农房的建造质量、建造成本和建筑风格，间接影响着农村建设的"美丽"程度。所以在当前阶段，通过培训"赤脚"建造师队伍，让他们熟悉当地特色建筑风格、掌握基本的结构基础知识、了解乡土材料特性，提高农村匠人的综合技术水平，是全面提升农村农宅建造质量最简单、有效的方法。

第六章 人文生态宜居工程

第一节 人文生态宜居工程的概念

人文生态宜居工程是践行"绿水青山就是金山银山"理念的重要举措，它秉承尊重、顺应和保护自然生态的发展思路，统筹"山水林田湖草"等。其中人文的重点是文化建筑风貌传承和再造，生态的重点是乡村生态环境的修复和优化，宜居的重点是乡村居住条件，包括安全、卫生、教育、医疗、交通等条件的改善和提升，以及居住功能性保障条件改善。具体包括乡村建设绿色规划设计、乡村建设绿色建造及绿色施工、乡村能源高效利用与新能源开发等。

第二节 人文生态宜居工程的范围

人文生态宜居工程的覆盖范围广泛，其中乡村人文生态宜居重大工程建设应包括以下几方面。

一、人文生态宜居县域

主要考虑县域范围内居民点的合理布局、"三生空间"的划定与协调。人文指标方面，以县域所在地区文化特点为依据，塑造具有地方特色的文化；生态方面，主要保障县域范围内的生态安全格局，合理保护与利用生态环境资源，包括"山水林田湖草"的保护和污染治理；宜居方面，以当地的适用技术满足节能、保温、抗震、生活便利设施配置等要求。

二、人文生态宜居乡域

基于生态敏感性和环境承载力分析，运用自然空间管制手段，构建乡域的总体生态格局，划定生态底线，确定环境承载力，以指引乡域范围的村庄的规模、人口与产业发展。依托生态管制分区和自然灾害调查，合理布局村庄迁并选址，保留村庄特色，优化人居环境。

三、人文生态宜居村域

根据生态现状划分不同的生态系统类型，使村庄建筑布局与场地生态结构融为整体。合理安排对生态格局有影响的农业生产、村居生活、农村基础设施用地。在村庄空间布局上着眼于村庄建设与基本农田保护、生态环境保护的关系。道路景观采用成本低、好维护、透水性强的铺面形式。利用本土化材质和乡土文化底蕴特色来组织村庄内部空间和景观节点。依托现有资源情况和评估管理，合理布置环卫设施、雨污生态化设施、环境教育设施及防灾避难空间。

四、人文生态宜居建筑

对于单体建筑，庭院生态系统将农业生产中的各个环节（人的生产生活、植物、动物、废物处理等）联系起来，是以户为单位经营生态农业的最佳生产形式，通过合理的平面布局，控制对流热损失和热环境的科学分区。在利用太阳能、就地取材绿色保温材料，创建符合当地历史文化传统建筑形式的基础上，农宅庭院增加雨水收集回收系统并符合当地减灾抗震标准。

第三节　人文生态宜居工程的内容

人文生态宜居工程建设，包括以下几方面内容。

一、基础设施建设

加快通村入户道路建设，鼓励发展村镇公共交通，完善乡村物流基础设施末端网络建设。加快乡村宽带网络和第四代移动通信网络覆盖步伐。根据乡村特点着力打造景观元素，如休闲空间，在重要地段规划特色广场，打造村庄形象的窗口，合理规划村庄的休闲游览空间，依托民俗特色，结合水系打造滨水绿化带等。优化乡村能源结构，大力发展太阳能、生物质能、沼气能等清洁能源，加快新一轮电网升级改造，推动供电设施向乡村延伸。加快推进生物质热电联产、生物质供热、规模化生物质天然气和规模化大型沼气等燃料清洁化工程建设。加快推进北方乡村冬季清洁取暖，推广乡村绿色节能建筑。

二、公共服务设施建设

促进公共教育、医疗卫生、社会保障等资源向乡村倾斜，逐步建立健全全民覆盖、普惠共享、城乡一体的基本公共服务体系，推进城乡基本公共服务均等化。提升乡村教育质量，实施全民参保计划，加强乡村卫生院、社区卫生服务机构建设。

三、生态修复与保护

以建设美丽宜居村庄为导向，以乡村垃圾、污水治理和村容村貌提升为主攻方向，开展乡村人居环境整治行动，全面提升乡村人居环境质量。推进乡村生活垃圾治理，普及卫生厕所，推进粪污无害化处理和资源化利用，推进生活污水治理。

大力实施乡村生态保护与修复工程，建立生态系统保护制度，健全生态补偿机制，加强湿地、水环境保护与修复，促进乡村环境稳步改善，促进自然生态系统功能和稳定性全面提升。

四、农房建设

推进乡村"赤脚建造师"培养，分类推行乡村住房标准图集，完善乡村住房建设审批制度，提高乡村住房质量。

五、乡村特色风貌建设

顺应村庄发展规律和演变趋势，按照集聚提升、融入城镇、特色保护、搬迁撤并的具体情况，精心策划、分类推进，打造各具特色的现代版"富春山居图"。规模较大的中心村是乡村振兴的重点，要科学确定村庄发展方向，激活产业、优化环境、提振人气、增添活力、保持风貌，建设宜居宜业的美丽村庄。城郊村庄具有城市后花园的优势，应考虑工业化、城镇化和村庄自身发展需要，在形态上保留乡村风貌，在治理上体现城市管理思路，强化服务城市，承接城市功能，扩展城乡融合空间。传统村落、少数民族村寨、特色景观名村等，是中国生态和文化传承的重要载体，要保护村庄的格局、风貌、古迹和传统民居以及居民生活形态和传统习俗等，实现特色资源保护与村庄发展的良性互动。

第四节　人文生态宜居工程的举措

一、综合协调

国家《乡村振兴战略规划（2018—2022 年）》指出，"乡村振兴，生态宜居是关键""优化村庄发展布局要严格保护生态空间"。

从可持续发展角度看，生态作为乡村发展的核心资源和最大优势，不仅是乡村振兴的关键点，也是乡村持久存续的唯一途径。对乡村的"山水林田湖草"等生态环境资源进行评价和分析并建立认知，是生态规划的基本前提。

从区域角度看，村域的生态规划要明确其在区域中的生态功能与定位，在合理利用与保护本村的生态环境的同时，也要满足区域的生态规划要求。

从村庄的生态空间来看，要实现人与自然和谐共生的乡村发展新格局，要基于环境目标提出相应的空间应对策略，如水系统、湿地系统、固废处理系统等（表 6-1）。

从策略制定和实施来看，不能依赖一刀切的生态规划统一标准，应制定乡村生态规划的技术指导手册，根据生态环境资源的特质与面临的问题，将乡村划分为几类进行相应的设计引导。具体实施过程中，村民可以根据实际需求进行自我创新，逐渐摸索适用于当地的生态规划技术（图 6-1～图 6-4）。

二、沿袭传承

（一）遵循当地传统的空间形态

创造性转化和创新性利用传统村落的空间布局，使之承载新的乡村产业类型（如旅

表 6-1　乡村生态规划用地分类及类型

用地分类	用地类型
生态空间	自然保护区、风景名胜区、森林公园、水源涵养、土壤保持、生物多样性保护用地
生态+生产空间	牧草、畜牧养殖、旅游用地
生产+生态空间	耕地、园地
生活+生产空间	集体建设用地

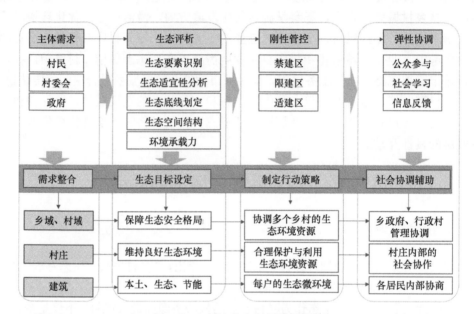

图 6-1　三层次生态规划逻辑框架

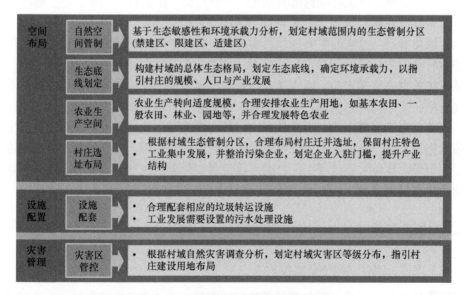

图 6-2　村域层面的乡村生态规划策略

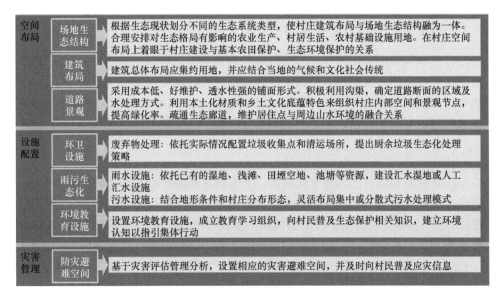

图 6-3　村庄层面的生态规划策略

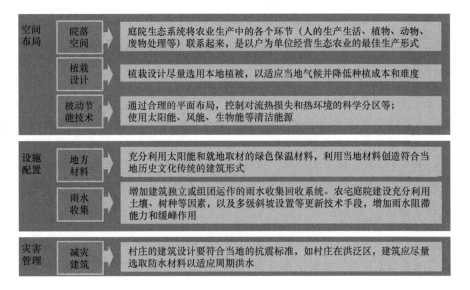

图 6-4　建筑层面的生态规划策略

游等），从而适应新的乡村多元生产力发展的需求。针对收缩型乡村，"农村人居空间"重构需要建立"精明收缩"导向和规划策略，从而有效、有序指导实施。

（二）遵循当地传统的施工技艺

人文生态宜居建设鼓励使用当地传统技艺，与建筑功能相结合，形成独具特色的当地建筑建设体系，适应当地建筑材料和风俗习惯，广泛地砌筑各式类型的建筑。乡村建设雇佣本土工匠，充分利用当地建筑劳动力。发掘当地工匠建造乡土建筑的工艺和技术，普及乡村工匠培训管理。

（三）遵循当地传统的建筑材料

村庄建设体现乡土文化特色，尽可能避免硬质界面、非本土绿化材料等的使用。充分利用便捷和丰富的本土材料，最大限度将建筑耗材消耗降低来减少修建成本。充分组合当地木材、沙石、土石、麦草、芦苇、树枝条等材料，发展多种建筑材料的组合形式，发挥当地材料的可塑性特质，形成一套适应当地的乡土建筑设计理念和营造技术平台。

（四）遵循当地传统的整体风貌

对于需新建安置新村的历史文化村落，应使新村和老村之间形成较好的步行交通联系，形成功能互补的空间结构和风貌传承。具体的做法可以从宏观、中观、微观等多个层次进行把控。例如，形成完善的图集体系供居民参考，增加主动与被动节能设计要求、方案和较为具体的建筑设计限定数据，如比例、色彩、特征等，保证多栋单体建筑的风貌整体和谐；完善先带图审批后建设的管理模式，完善设计的建筑师参与机制，产生一批优秀现代乡土建筑，起到引领作用。构建科学评估体系、建立完善的法律制度，尽可能保留传统乡村风貌，利用数字影像科学保护与改造乡村建筑与风貌。

三、适应演进

（一）现代技术融入

现代建造技术体系与传统文化空间相结合。以轻钢结构、现代木结构等预制装配化体系为主体的乡村建筑智能建造产业化的产品，具有结构强度大、抗震性能高等优势，能够有效解决农村建筑质量和安全问题，同时钢木结构灵活性高、易于预制拼装，可以实现设计定制化、生产工厂化、施工装配化、装修一体化。钢和木可以回收利用，是绿色环保的材料，集约、高效、轻量化的预制装配生产系统将改变传统乡村建设中的粗放建造模式。

（二）支撑传统模式

提供适应现代需求的文化活动设施和核心公共空间。以浙江台州黄岩沙滩村为例，其核心公共空间是以太尉殿为主体的乡土信仰空间，该空间也是村内家族活动的举办场所，同时还能满足现代村民休憩交流、体育健身的空间需求。核心公共空间的建成带动了周边其他公共活动场所的创造性转化和创新性发展，修复的柔川书院兼有乡村振兴学院的功能，人民公社时期建成的多处集体设施也适应性地改造为信息服务中心、文化礼堂和民宿。以核心公共空间为中心的沙滩村修复改造，在尊崇传统文化的基础上逐步推进。

通过绿色基础设施建构城市和乡村的绿色空间网络，把"山水林田湖草"等所有要素组成一个相互联系、有机统一的生态网络系统，该系统自身也可以调蓄暴雨，降低洪水危害，并改善水体环境，节约城市管理成本。倡导符合现代生态的绿色农业措施及文化。利用废旧建材，构筑乡土文化浓厚的田园小品，减少资源消耗与运输能耗。

（三）匹配现代功能

发展产业经济和吸引外来目光，合二为一的方式之一就是发展旅游经济。通过城乡要素的双向流动。深入了解当地的文化风俗与空间肌理。坚持整体规划思想并动态调整规划细节。让当地村民参与建设施工，不断磨合以形成共识。

四、适应地域

人文生态宜居工程建设应该考虑每个地区的实际情况，各省、各市或者各县制定不同的建设指标。东部、中西部以及偏远经济欠发达地区的自然与资源禀赋、历史脉络等特性差异很大，建设要求可能完全不同。因此，根据各地实际发展水平，新型乡村建设必须要产建融合，以提高农民收入水平为重要前提，克服地域发展不平衡、发展不充分的困境。生产力发展和社会变革已经把人类社会从传统农耕文明社会带入工业文明社会和信息社会。处理好乡村与城市的地理空间关系，如大城市与周边郊区乡村、城镇化空间廊道与关联乡村的关系，以及城市与传统农业地区乡村的关系。这些不同地域类型的乡村，由于交通联系差异，与周边城市之间的社会、经济和文化等要素流动呈现不同频度，因而它们在城镇化过程中的角色均有所不同，导致它们在"城乡共构"的互动关联上的程度不同。只有对乡村空间的地理特点加以区别对待，才能精准地看待乡村作为战略资源的不同内涵。把乡村地理空间关系与乡村振兴的分项目标建立关联，就可以思考并找出乡村振兴的各自路径。

五、部门协作

人文生态宜居工程设计方案中，不同级别的规划部门、财政部门、农业农村部门、国土资源部门等单位需要协同规划，从"山水林田湖草"与村貌、习俗等多角度出发系统分析乡村建设问题，理清脉络，科学制定乡村建设规划方案、时间计划，在不同尺度设计建设方案。建立跨部门的指挥小组，从整体思考和规划，推动乡村建设与产业兴旺、文化传承、环境治理、舒适宜居相协同。

六、积极试点

建设人文生态宜居试点市 50 个、试点县 200 个、试点乡 500 个、试点村 1000 个、试点建筑 2000 个。

第七章　新型乡村建设的政策和建议

第一节　新型乡村建设的政策

一、加快人文生态宜居重大工程推进

统筹城乡建设布局，不断加大基础设施和民生项目投入，紧密围绕人文、生态、宜居的乡村建设目标，积极推进交通、教育、卫生、民生服务等项目建设。为加快人文生态宜居重大工程推进，必须做到下列几点。

1）制定方案，明确目标。县（市）必须统筹城乡建设，制定切实可行的方案，明确责任人、联系人，设定分阶段目标。

2）加强领导，协同推进。成立人文生态宜居重大工程建设领导组，建立县（市、乡）主要领导负责，村、组积极参与的工作机制，密切配合，形成合力，协同推进。

3）整合项目，统筹资金。将乡村建设的厕所改造、水利建设、乡村绿化、垃圾污水治理等项目整合到一起，统筹资金。

4）完善机制，狠抓落实。①严格实行问责制，加强工程考核评估工作，并与乡镇考核评比挂钩。②实施工程建设责任制度，"谁主管，谁负责"，将重大工程任务细化、量化、层层落实。③建立工程进度定期报告制度，必须设定阶段目标，定期给领导小组汇报，及时调整工作，保证工程建设保质、保量、按时完成。

二、推行"城市补贴乡村，工业反哺农业"的财政策略

1）市政基础设施城乡协同建设。重点进行乡村污水处理，对垃圾分类处理、转运，饮用水品质安全，供电稳定及道路亮化等方面给予基础资金补贴。

2）公共服务设施城乡协同提升。重点对乡村医疗、健康保健、基础教育质量保障体系等方面提升资金补贴。

3）产业造血和培育城乡协同推进。重点对乡村基于资源特色、传统工艺及文化传承等方面的产业，导入城市信息、技术、资金和市场等方面的要素。

4）生态环境整治城乡协同改善。重点保障和改善水系、土壤、植被、大气等环境因素，提供城市和乡村的整体化治理措施和资金奖补政策。

三、建立乡村规划师制度

乡村生态规划是一种将刚性指标与弹性控制相结合的生态控制手段，是针对不同区域的生态敏感程度定位和相关利益主体关系，对整体村域自然生态环境的保护及利用方式的研究。乡村生态规划指导乡村空间的控制与发展，进而促进空间资源的合理分配。

乡村生态规划是长期持久的过程，不能一劳永逸地依赖一次性生态技术植入，应建立村民与环境之间的良性动态关系，如建立乡村规划师制度，将规划师的角色转化为知识中介，使其为乡村提供长期的技术指引。引导村民自我管理和经营当地特色环境资源，作为生态化空间发展的前提和永续维护村落生态环境的基础。

例如，成都 2010 年建立了乡村规划师制度，在每个乡镇配备一名规划师，为村庄规划提供技术支撑。①成都市乡村规划师的招聘与管理。成都乡村规划师制度具有"全域覆盖、事权分离、广泛参与、持续长效"等特点。成都全市共有 223 个乡镇，除了纳入城市规划区的 27 个乡镇，其余 196 个乡镇按照"一镇一师"和一般乡镇按片区配备的基本原则，拟配备乡村规划师 150 名。乡村规划师从 2010 年开始，在后续的 3 年中每年招聘一批，原则上每批任期 2 年。乡村规划师的招聘与征集分为 5 种形式，分别为社会招聘、选调任职、选派挂职、机构志愿者和个人志愿者。以首批招聘的 50 名乡村规划师为例，其中社会招聘 17 名、选调任职 7 名、选派挂职 3 名、机构志愿者 9 名、个人志愿者 4 名，平均年龄 32 岁，平均工作年限 6 年以上。为推进乡村规划师制度的落实，成都市规划和自然资源局做出相应调整，成立了乡村规划处，把乡村规划管理的职责分离出来，对乡村规划师进行"归口"管理。②成都市乡村规划师的工作职责。成都市乡村规划师的具体工作岗位是"成都市郊区（市）县乡镇乡村规划师"。乡村规划师是由区（市、县）政府统一选拔任命的专职乡镇规划技术负责人。乡村规划师的具体职责共有 6 个方面，包括参与乡镇党委、政府涉及规划建设事务的研究和决策，代表乡镇政府组织编制乡村规划，对政府投资性项目进行规划把关，对乡镇建设项目的规划和设计方案向规划管理部门提出意见，对乡镇建设项目按照规划实施的情况提出意见与建议，向乡镇政府提出改进和提高乡村规划工作的措施和建议等。另外，乡村规划师制度还规定，乡村规划师对所在乡镇的重大项目有"一票否决权"，希望乡村规划师能作为上级政府的监督员，监督乡镇重复规划和违规审批建设的情况。

四、加快构建"新型乡村绿色建设指南"

1）推进建构新型乡村建设绿色规划设计体系，形成乡村绿色规划设计适用技术指南。

以上海为例，通过村庄布局规划、郊野单元（村庄）规划、村庄设计落实新型乡村绿色规划设计。①村庄布局规划通过区、新市镇两级总体规划层面加以落实，是区总体规划的重要组成部分，纳入总体规划专项篇章，并用于指导新市镇总体规划中的村庄布局规划及下位郊野单元（村庄）规划的编制和建设。②郊野单元规划是镇域、村域层面规划，是镇域、村域层面实现"多规合一"的规划，覆盖乡村地区，统筹全地类、全要素的综合性、统筹性、实时性和策略性规划，是实施土地用途管治，特别是乡村建设规划许可的依据。核心管控要素包括城市开发边界、永久基本农田、生态保护红线、文化保护控制线。③村庄设计是村庄的详细设计。《上海市郊野乡村风貌规划设计和建设导则》指导上海市各类专项规划、郊野单元（村庄规划）、郊野公园规划、村庄设计、建筑设计、工程设计、景观设计和农业产业项目、环境改善、土地整治等乡村空间范围内改变国土形态的相关方案制定、审批、建设、运营和维护工作。由镇政府或村委会组织编制，征询村民意见，指导乡村建设，塑造高品质乡村风貌。村落风貌设计、自然景观设计、重要节点设计、公共空间设计、乡村建筑设计中，乡村建筑设计需提出"菜单式"房型模板及指引，建筑空间肌理、体量尺度、色彩材质、屋面里面等要与自然环境和当地主体建筑相协调，符合本土乡居特征。郊野单元规划偏向于全域的空间管制、土地用途管控和风貌片区的引导，对于具体建设的指导偏弱，但是为《乡村规划建设许可证》的依据，具有一定法律效力，而村庄设计可以直接指导乡村建设，但法律效力不足。

2）树立就地取材、因地制宜、环境友好的农房建造指导思想，形成乡村建设绿色建造实施指南。

3）形成乡村能源高效利用与新能源开发技术实施指南。

五、因地制宜、统筹规划

推进乡村污水和垃圾治理，提高乡村环境质量，提高乡村能源技术和服务水平。缩小城乡差别，建立城乡同质化的基础设施和公共服务。我国地域辽阔，各地区气候条件差异大，生态容量不同，人口密度不同，各地乡村用能需求、资源条件和经济发展水平差别较大，发展不平衡。乡村环境治理和能源设施建设要考虑经济发展状况、环境容量、人口密度、资源条件、气候差异、用能特点等，合理选择环境治理和能源利用技术。

第二节　新型乡村建设的建议

一、培育"赤脚建造师"人才队伍

施工队是农村建设和农房建造的直接参与者。由于农村建设质量管控体系尚未健全，在"村民自建"模式下，施工队技术水平直接决定着农房的建造质量。所以，在当前的农业农村发展阶段，要求大量的专业建筑师和建造师长时间"驻村服务"是不现实的。着力培育熟悉地方风土民情和建筑风格的"赤脚建造师"，使其掌握基本的结构力学知识，了解各类材料的材性特点，懂得常规的工程管理常识，推广以"赤脚建造师"为核心的施工队组织结构，是短期内迅速提升农村农房建造水平，提高农房建造质量最简单、有效的方法。农房建造不同于城市建设，具有单体建筑规模小、机械化程度低、结构形式多样和建筑材料丰富等特点，短时间无法建立健全类似于城市建筑的建造标准、规范和管控体系。"赤脚建造师"也具备一些明显优势，如熟悉当地特色建筑风格、风土民情、乡土材料和生产生活习惯等，有利于推进新技术、新材料、新工艺和新设备在农房建造中的应用。

二、在县域范围内推广"菜单式"农房建造图集

在农村农房建造缺少专门的设计环节，结构安全未得到有效保障，居住环境未得到有效提升的现状下，建议在县域范围内基于当地的建筑风格、生产生活习惯等，发动专业的企业和机构参与，以乡镇区域为单元，编制多套农房建造图集，为区域内村民提供

"菜单式"的农房建造指导服务，村民可以根据个人偏好自由选择，在保证居住安全、安心的前提下，提高农房的宜居性。结合地方财政扶持政策和建造质量监督体系，在不增加或少量增加农民建房成本的前提下，全面提升县域范围内的农房建造质量，打造地方特色。农房建造图集应具备一定的深度和专业性，可以用于指导施工；具有一定的扩展空间，便于村民根据个人需求进行改造和升级；在确定的几种建筑风格的基础上，提供一定数量的农房建造图集，以体现"菜单式"的服务特点，给村民提供尽量充分的选择空间。

三、统筹能源设施共建共构，提高能源综合利用效率和清洁能源比例

建议农业农村部、住房和城乡建设部、国家能源局大力发展清洁能源，优先推进生物质天然气、沼气工程的产业化，保障乡村清洁能源供给；推动生物质能供热及太阳能和风能发电工程建设。建议住房和城乡建设部、财政部加大北方地区农房节能改造扶持力度，统一城乡建筑节能标准，稳步取消散煤冬季供暖，推广低温空气源热泵、生物质高效节能炉具等产品。

四、强化和细化激励措施，推进垃圾和污水治理

强化和细化垃圾、废水治理的正负激励措施，鼓励县、镇、村积极制定适合本地的正负激励措施，鼓励农民参与制定正负激励细则。建议对垃圾堆肥、垃圾分类、垃圾回收利用、自建污水处理设施进行正向激励。建议建立健全法规制度，对污水直排的组织和个人进行严厉查处，切实建立并实施"谁污染谁治理"制度。

五、尽快开展新型农村社区规划建设工作

加快新型农村社区规划建设工作，形成"产业经济、社会文化和空间环境"的"三位一体"。基于异地搬迁而至的村民人口年龄结构和教育文化水平，以及新村民所具有的传统特色手工艺等就业基础，结合市场需求，因地制宜地积极开展有针对性的产业活动，组织村民就近就业；把地方特色传统文化通过创造性转化、创新性发展，与特色产业和就业相结合，充分发挥村民的才能和积极性；通过社区产业设施场地或文创产业中心等公共活动场所的空间环境建设，共同形成农村社区日常公共活动空间场地，规划建设综合农村社区中心，把就业、文化传承和设施环境建设相结合，把精神文化家园具体化。

第八章　课题组调研工作总结

第一节　专家座谈调研情况

2018 年 11 月 19 日下午，课题组一行 20 人赴住房和城乡建设部村镇司调研，与村镇司王旭东副司长、鞠宇平副处长和胡建坤主任科员进行座谈，如图 8-1 所示。

图 8-1　住房和城乡建设部村镇司座谈会

村镇司同志详细介绍了司里开展的重点工作，包括农村生活污水处理、危房改造及传统村落的保护等内容。据鞠宇平介绍，目前全国有 1.9 亿农户，有 80%的农房不具备抗震性能，目前已经改造了 2692 万户危房，村镇司的目标是在 2020 年脱贫工作截止时间前完成所有的危房改造工作，任务艰巨。我们了解到全国已建成 5 万多个美丽乡村，做得比较好的地区主要有浙江省、海南省，另外江苏有特色田园乡村，青海有高原美丽乡村。浙江省 2/3 的乡村已完成美丽乡村建设，浙江安吉、金华等地的乡村建设有代表性。在村镇司的调研使得课题组对全国乡村建设的基本情况有了了解，也为课题组下一步的实地调研工作指明了方向。

第二节　课题组实地调研情况

为了获取乡村建设的第一手资料，根据村镇司的建议，课题组组织了赴乡村发达地区上海和浙江以及乡村发展相对落后的山东临朐等地进行考察。为了对标发达国家，课题组还前往韩国釜山市的乡村进行调研。

一、上海市

课题组首先与上海市住房和城乡建设委员会座谈（图 8-2），了解了上海市乡村建设的现状和整体布局。上海虽然是国际化大都市，但郊区也有农村地区，一些临近城市的乡村聚集了大量租住的外地人，许多郊区的农村都有老人留守，所以上海市的农村由于临近大城市，产业和人口等方面会与一些传统农村有区别。上海市住房和城乡建设委员会给课题组推荐了松江区和崇明区这两个地区的乡村。

图 8-2　上海市住房和城乡建设委员会座谈会

松江区由于距离城市较近，土地价格很高。得益于土地流转政策，松江区小昆山镇通过将分散的农业用地聚集形成农场，提高农业生产效率，同时规划建设用地片区，将建设用地通过招拍挂来筹集乡村建设资金，由于毗邻大城市，地价极高，这很好地解决了乡村振兴的费用问题。小昆山镇的这种模式也为大城市周边的乡村振兴提供了宝贵经验。

在崇明区，课题组与当地各部门进行座谈，了解到上海市对崇明区的统一规划，对崇明区的定位是生态岛，一切建设必须以生态为先，所以崇明区的建设强度低，以保护生态环境、恢复生态为主要工作。

对上海地区的调研可以看出，上海乡村的建设有统一规划，一个市一盘棋，从全局出发规划布局，同时又根据不同地区的特点因地制宜地给予政策。

（一）现状

1. 生活污水

（1）上海市

根据 2016 年普查结果，上海乡村已实现了 100%集中供水，污水处理率为 60%，水冲厕所实现率 100%，配套处理设施约 3000 座。

农村生活污水处理主要有 2 种模式，即纳入市政污水处理系统和采用简化工艺就地处理。在就地处理系统中，小型处理站工艺的选择是处理效果的关键所在。2013 年的《上海市农村生活污水处理项目技术评估研究报告》对上海地区试点期间采用就地处理系统的工艺进行了比较分析。报告指出，就地处理系统中采用的较为普遍的工艺主要有：生物滤池、土壤渗滤、人工湿地、生物滤床–人工湿地、接触氧化–人工湿地、自流增氧人工生态床、一体化膜法等。

上海地区农村生活污水处理出水水质标准是在《污水综合排放标准》和《城镇污水

处理厂污染物排放标准》的基础上，按照《上海市农村生活污水处理设施出水水质规定（试行）》文件进行执行的，其对出水的感官指标和水质指标都做出了要求，分为一级 A 和一级 B 标准，检测指标为 COD（化学需氧量）、NH_3-N、TP、TN、动植物油等 7 项。由于其制定依据主要参考大中型城市的污水排放情况和经济基础状况，因此与农村生活污水排污特点和处理成本有本质的差别。

《上海市农村生活污水处理建设规划》数据显示，目前上海已实施的处理户数中，纳入市政污水处理系统的比例为 20% 左右，其他则采用就地处理的方式。目前，上海地区农村生活污水处理投入不断攀升，市区镇各级财政压力都大幅增加，因此，技术处理方案的选择很关键。基本按照"因地制宜、简易实用、水质稳定、经济可行"的原则，结合实际情况和出水标准，充分进行技术经济比较，合理选用适宜的工艺、技术方案。

（2）松江区

农村生活污水主要由三部分构成：厨房污水、洗涤废水和厕所废水。污水的油渍成分明显增加，洗涤废水中污染物种类增多，有机物和氮、磷的含量有所上升。

目前，松江农村地区主要采用一体化污水处理装置、自然稳定塘工艺、土壤渗滤-人工湿地系统、复合生物滤池-人工湿地处理系统、组合型生物滤池处理工艺、截污纳管进入市政污水管网 6 种生活污水处理设施来进行污水的污染治理。这些设施基本能够满足周围农户的日常生活污水处理要求，出水水质普遍达到《城镇污水处理厂污染物排放标准》一级 B 或二级标准。

1）一体化污水处理装置。此装置目前在洞泾镇百鸟村初步应用。该装置采用序批式活性污泥法（SBR 法），处理工序为：进水→曝气→沉淀→排水。生活污水经过三格式化粪池处理后，由定时运行的污水泵将污水提升进入一体化处理装置，充氧曝气，利用装置中的微生物降解水中有机物，经过一定时间的沉淀，由排水器排出上层清水。处理过程在一个装置内分阶段完成，按不同的时间顺序进行各种目的不同的操作，全部过程在一个装置内周而复始地进行。

2）自然稳定塘工艺。此工艺目前在新浜镇新浜村有所应用。该村共建有 7 个稳定塘，处理周边 170 户居民的生活污水。处理工艺为：污水→管网→三格化粪池→稳定塘→排出河道。污水在塘内缓慢地流动及较长时间地滞留，污染物被植物根系过滤和吸附，经藻、菌、浮游水生物综合作用，好氧与厌氧微生物菌群的分解，使污水得到净化。该工艺具有处理水量大的特点，但是运行中水体可能发生黑臭现象，滋生蚊蝇，受环境因素的影响明显，冬季出水水质尚可，夏季水质变化情况较大。

3）土壤渗滤-人工湿地系统。此工艺是目前松江地区农村采用最多的处理工艺。将通过污水管网收集的污水经格栅去除污水中粗大的悬浮物和漂浮物；然后进入三格化粪池，通过厌氧消化作用去除污水中部分的有机物；化粪池中的上层清水进入湿地布水管中，利用其周围多层的碎石、沙砾、复合人工土及填料，通过沙砾的毛细管虹吸作用，使污水缓慢上升并向四周浸润，扩散进入周围土壤，在地表土壤层中发生非饱和渗透，通过其中好氧和厌氧微生物的作用，使污水中的有机污染物被吸附和降解，达到净化污水的目的。

4）复合生物滤池-人工湿地处理系统。复合生物滤池-人工湿地处理系统在泖港镇曹家浜村应用已达 3 年。污水经处理后水质清澈，水质状况优良。污水通过管网收集到格栅池中，其内前端的粗格栅拦截污水中的粗大悬浮物和漂浮物，后端布设有细格栅进一步去除污水中体积较大的固体物质；其后集水井中的水泵将污水提升进入复合生物滤池处理系统。

5）组合型生物滤池处理工艺。组合型生物滤池处理工艺在石湖荡镇新中村吴家埭污水处理站、石湖荡镇敬老院应用。污水过格栅，经提升泵提升至预处理池（缺氧区），利用生物膜上的微生物降解 BOD（生化需氧量）、SS（悬浮物）。随后，经预处理的污水流入生物滤池，经微曝和复合型滤料削减 COD、BOD，降解有机磷，基本消除了运行中产生的臭气。同时向上径流的中水通过水生植物浮床进一步去除污染物后流入清水池排出。组合型生物滤池占地面积小，可在正常负荷 2～3 倍的短期冲击负荷下运行，污水停留时间短并且出水水质变化小，不产生臭气、环境质量较高。

6）截污纳管进入市政污水管网。自然村落中有市政污水管道穿过或靠近的，或生活污水可以依靠重力直接流入市政污水管道的，可以重点考虑将生活污水直接纳入城镇污水管网统一集中处理。

（3）崇明区

崇明区需实施农村生活污水处理的农户总数 23.2 万户，项目从 2009 年开始实施，至 2016 年，受益农户总数 4 万户。从 2017 年起，以《崇明世界级生态岛发展"十三五"规划》为引领，崇明区委区政府对照世界级生态岛建设的新标准、高要求，明确到 2018 年底，再实施约 19.2 万户，实现全区 23.2 万户农村生活污水全覆盖的目标。

崇明区农村生活污水处理项目总投资约 46 亿元，分为 2017 年和 2018 年两批项目先后推进，主要采用了综合生物处理–过滤–吸附除磷、净化槽–活性生物滤床、MBR（膜生物反应器）、MBR 净化槽 4 种工艺。2017 年项目共涉及 15 个乡镇 4.2 万户，于 2017 年 6 月开工，目前已基本完成；2018 年项目涉及 18 个乡镇 15 万户，于 2018 年 3 月开工，已完成 13.9 万户设施建设，正在继续推进施工建设。两批项目已合计完成约 18.1 万户。

农村生活污水处理面临的主要问题是村民居住分散、投资建设成本高、运维管理难度大和专业人才紧缺等。崇明区用时 3 个月，选取了陈家镇、三星镇、庙镇和建设镇 4 个乡镇，邀请 4 家国内一流企业开展提标试点。在总结成功经验，分析问题及不足的基础上，建立了"四个一"的工作机制。①"一级 A 标"，在全市率先将农村生活污水处理的出水水质从"二级"提升至"一级 A"。②"建养一体"，以有效解决建养各自为政、工作边界不清、责任追溯困难等问题，对项目设计、施工、养护实施一体化招投标，由中标企业全面负责。③"一镇一标"，以乡镇为单位，对分散的农村生活污水处理项目集中打包，区域化、规模化整体推进，统一建设、统一运维。④"一线监管"，在项目推进过程中，运用信息化技术，同步建设覆盖全区的智能监管平台（图 8-3），对将要建成的设备实现数据自动集成、设施在线监控、水质实时监测。

上海市崇明区陈家镇花漂村，全村 1700 户居民，有一个小型的示范污水处理设备（图 8-4），该设备处理能力为 45t/d，能处理大约 150 户居民的污水，为一体化污水处理设备，污水出水可达到《上海市农村生活污水处理设施出水水质规定（试行）》的一级 A 标准，出水直接排入周边河道。花漂村污水处理管网和处理终端的建设费用为 1.8 万元/户，运行费用约为 280 元/（户·a）。

图 8-3　上海市崇明区三星镇云平台

图 8-4　上海市崇明区陈家镇花漂村污水处理公示牌

2. 生活垃圾处理

（1）上海市

上海农村生活垃圾治理工作起步于 2000 年，经过两轮三年环保行动计划的实施，到 2005 年全部建成了"户投、村收、镇运、区处理"的农村生活垃圾收集处置系统。根据国务院办公厅《关于改善农村人居环境的指导意见》精神，住房和城乡建设部在全国范围内开展了"农村生活垃圾五年专项治理"活动，市政府高度重视此项工作，在市级层面"上海市生活垃圾分类减量推进工作联席会议"中增设"上海市农村生活垃圾治理推进办公室"，具体承担日常推进协调工作。

据上海市农村生活垃圾治理推进办公室介绍，各村在开展农村生活垃圾分类减量中采取了多种办法。例如，松江区率先在叶榭镇大庙村实施"户内干湿分类，湿垃圾就地沤肥处理，资源综合利用"，每户家庭均配 2 个垃圾桶，户内实施干湿垃圾分类，保洁员每天上门分类收集，将湿垃圾运送至沤肥池，减少了转运成本，改良了农田土壤，提高了资源化利用率。泖港镇新建村的建筑垃圾由镇里统一处置利用，农药瓶在规定地点换购，有害垃圾定期专项回收，其他垃圾进入区级生活垃圾处置系统，有效地减少了处置成本，全面提高了农村生活垃圾治理水平。青浦、崇明等区（县）在"美丽乡村示范村"中试点户内生活垃圾干湿分类。奉贤区在 20 个行政村内试点湿垃圾处理设施建设，为全区面上推广探索可复制、可推广的经验。

上海加大了农村地区的生活垃圾处理投入。在浦东、金山两区建成 2 座焚烧厂，在崇明区建成 2 座卫生填埋场，在青浦、嘉定两区建成 2 座综合处置厂，在松江、奉贤两区开工建设焚烧厂，累计投入建设资金 39.84 亿元。完成 38 座压缩式中转站建设，累计投入资金 2.2 亿元。建成覆盖 100%行政村的农村生活垃圾收集系统，累计投入资金 2.58 亿元。配备农村保洁员 22 237 名，每年度市级财政下拨补贴资金 1.06 亿元。

截至目前，村生活垃圾都进行集中或部分集中处理，处理率基本达到 100%。

（2）松江区

源头分类投放准确率不高、分类设施陈旧、废品无回收网络、湿垃圾处置技术含量低。一直以来，这些问题都是制约农村生活垃圾分类的瓶颈，而松江区针对这些问题找到了相应的解决办法。自 2011 年上海启动垃圾分类以来，松江区通过"政府引导、社会参与、以点代面、循序渐进"的方式，于 2013 年实现了农村垃圾分类工程全覆盖。2015 年松江区被评为全国首批生活垃圾分类示范区。2016 年松江区垃圾治理工作代表上海接受国家级验收，上海成为首批通过验收的省市之一。2017 年，松江区又被列入全国百个生活垃圾分类和资源化利用示范区，松江区的这项工作被称为"松江模式"。

1）建立垃圾分类激励制度。家家门前都有干湿分类垃圾桶，户户都能用废旧物资换取现金和生活用品（图 8-5）。去年，松江区入围全国首批农村生活垃圾分类和资源化利用示范区创建行列，全区 7 个涉农镇共有 77 个村完善了农户源头分类投放、村级分类收集处置、镇级分类运输和区级分类处置的全程农村生活垃圾收集系统，成为推进全国农村生活垃圾分类和资源化利用示范区创建的亮点。

图 8-5 垃圾分类积分兑换自助机

2）湿垃圾资源化利用。秸秆、蔬菜果皮等农村湿垃圾一般会投入积肥池内，通过自然发酵，有机垃圾形成肥料后用于还田，实现生活垃圾的资源化利用。但是这种肥料沤制周期长，积肥速度慢，产出率较低，使用情况不乐观。

叶榭镇建设了 18 个玻璃钢材质的标准化湿垃圾积肥池，一个积肥池可容纳有机垃圾 20t 左右。镇下辖村里统一设置农作物垃圾临时堆放点，由村里的保洁员每天定时收集，投放到湿垃圾积肥池内，经过池内密闭发酵、出料还田等流程，保证了湿垃圾在不出村情况下的再利用。此外，各镇也都积极开展探索和尝试，如泖港镇用环保酵素浇灌植物，新浜镇采用阳光堆肥法等，有效缩短了肥料的发酵周期。

日处置量 2t 处理机安置在新建村和徐库村，这里建成了湿垃圾资源化处置站。农户分类投放的和保洁员二次分拣后的湿垃圾，运送到资源化处置站，在投放过程中，处置站人员再一次精细化分拣，湿垃圾经过 5～7 天的处置发酵，变成有机肥料，直接还田利用。处置站内还配备了粉碎机，对细小树枝等进行粉碎，使原先大量难以消纳的垃圾变废为宝。

泖港镇已有 2 个村试点建成了湿垃圾资源化处置站，位于腰泾村的 1 个日处置量 10t 的镇级湿垃圾资源化处置站目前正在进行基建设施招投标。下一步将根据村级和镇级处置站的实际处置能力，建设 1～2 个镇级湿垃圾资源化处置站，实现湿垃圾高效生化处置全覆盖。

以泖港镇和叶榭镇为试点，以点带面，湿垃圾处置形成"一镇一站、一村多点"的布局模式，各镇按照"就地就近"的原则集中建设镇级湿垃圾处置站，提升处置能力；在农村建设小型积肥池，实现湿垃圾就地积肥还田，资源再利用。全区现已建成镇级中转站 7 个，实现涉农镇全覆盖，日均处置农村湿垃圾达 95t。各镇在实践过程中结合实际，形成了湿垃圾处置特色。

3）"四类垃圾"妥善处置。废玻璃、废塑料、废纸张等低附加值的废品，因为体积大、存放运输成本高等原因，废品收购市场普遍不愿回收，而私营的废品回收点通常将废品存放在村宅内，不仅影响周围环境，而且缺斤少两、价格偏低的现象屡屡发生。针对这种现象，去年开始，松江区 7 个涉农镇创新管理，引入第三方社会力量开展农村废品回收，形成"村级交投站—镇级中转站—区级资源物流中心"的资源回收网络，采取农户自主交投和企业上门回收的方式，日均回收量达 14.45t。

泖港镇新建村启用的再生资源交投站，由原本闲置的集体房屋改建而成。交投站回收工作采取绿色账户积分卡扫描积分和现金结算的方式进行，每周五为交投站开放日。村民既可以选择定时前往交投站，也可以交给在村里流动回收的保洁员，另外针对出门不便的村民还提供电话预约上门服务，这些措施基本满足了村民对废品回收的需求。

农村地区已基本完善了对"四类垃圾"的处置。以农户分类投放、保洁员辅助分拣为基础，将各类垃圾运送至分类垃圾箱房，湿垃圾进村级积肥池或湿垃圾资源化处置站；干垃圾由镇环卫公司转运至区级处置站；有害垃圾暂存在分类垃圾箱房，由环卫公司转运至镇级有害垃圾临时堆放中转站，再由回收公司收运处置；可回收物设立村级再生资源交投站，达到一定量后转运至镇再生资源中转站，由回收公司收运处置。

泖港镇在焦家村、兴旺村和泖港村各新建一所"泖田绿色小屋"，第一家于 2019 年 4 月向村民开放。这间"绿色小屋"成为泖港镇垃圾分类的综合性服务中心，小屋有四大功能，分别是再生资源回收交投、绿色账户积分兑换、环保酵素制作和垃圾分类志愿者培训。

4）家家户户踊跃参与。在松江区的各个村落里，垃圾分类从来不是保洁员个人的事。事实上，由"网格长"、村委会成员等组成了生活垃圾分类指导员，党员干部、村民组成的志愿者以及村级保洁员共同组成了农村生活垃圾分类的"熟人网"。农村是一个熟人社会，熟人间的宣传更为有效。这些人会每天检查农户垃圾分类情况，劝导没有进行垃圾分类的农户，督促其进行分类，对分类好的农户进行表扬和鼓励。保洁员每天定时上门收集农户分好的垃圾并运输至垃圾箱房，对干湿垃圾进行二次分类。为减轻分拣工作量，保洁员会对农户分类情况进行督促，提高分类的精细化程度，减少干垃圾外运量。

泗港镇在全区率先尝试小区分类定时定点撤桶投放工作，通过稳定发挥小区志愿者队伍的作用，开展入户宣传和持续跟进，居民的分类投放率达到90%以上、投放准确率达到80%以上。泗港镇依托网格化管理优势，建立垃圾分类服务队伍，将环境卫生、垃圾分类等工作纳入巡查管理。在农村，将宅前屋后环境整洁及生活垃圾源头分类投放作为星级文明家庭创建申报的前置条件，实行一票否决制，与村民签订《宅基地环境卫生保洁协议》并张贴上墙，将垃圾分类纳入村民公约，引导村民积极参与到垃圾分类中来。

2015年全区全面启动了垃圾分类体系建设，已经建成了点、站、厂相结合的体系，有6家废品回收企业，布局了290个废品回收点、23个交投站、13个中转站、1个区级的集散厂，每天可回收废品200t。

（3）崇明区

上海市绿化和市容管理局曾出台《推进崇明区垃圾综合治理工作的指导意见》，根据这份意见，崇明全面推开生活垃圾分类，并利用相对封闭的"岛屿优势"，建成"崇明特色"的分类减量垃圾综合治理体系，打造全国农村生活垃圾分类示范区。崇明区坚持"全民参与、全程分类、全民处置"原则，建成运行村级湿垃圾处理点52个，新建镇级湿垃圾集中处理站27座，加快构建垃圾"大分流"体系，以实现生活垃圾分类减量全面覆盖，收运处理设施自成体系，减量利用自我消纳。生活垃圾资源化利用率达到33.4%。农林废弃物资源化利用全覆盖，聚焦水稻秸秆、多汁蔬菜、瓜菜藤蔓、林地枝条、畜禽粪便五类农林废弃物，探索形成符合崇明实际的农林废弃物燃料化、饲料化、肥料化多元化利用模式。目前，已建成镇废弃物综合利用示范点，并积极探索秸秆肥料化利用的途径，主要农作物秸秆综合利用率已达95%。

根据计划，到2020年底，崇明生活垃圾无害化处置率要保持100%，为此崇明区部分乡村做了相应探索。

1）制定奖惩制度。为了促进村民做好垃圾分类，部分村制定了奖惩制度。横沙乡丰乐村通过了《丰乐村村规民约之生活垃圾管理办法》，按照这个村规民约，对于垃圾分类不清的，前三次给予警告教育，由垃圾收集员进行劝导；超过三次则将受到处罚，并影响相关人员今后的评优和奖励。港西镇北双村定期对村民垃圾分类情况进行监督评分，每月公示一次，各户村民分类情况一目了然，并评选出3～5户最佳家庭，给予一定奖励。

2）实现"自循环"。崇明三岛相对封闭，在垃圾处理上也有优势可利用。根据上海市绿化和市容管理局的指导意见，崇明要推行农村"湿垃圾不出村"的就地资源化利用"自循环"模式，而整个崇明的绝大部分垃圾也要实现不出岛就可以处理。

在横沙乡丰乐村有全国第一座农村餐厨生活垃圾分类处理站，小小的垃圾箱房里，一个一人多高的柜式消灭型生化处理机，"吃下去"的是厨余垃圾，"产出"的是可直接返施于田的液态有机肥料。"村里每天产生三四百斤[①]餐厨有机垃圾，统一投入生活垃圾处理机，加工成有机肥进行再利用。"丰乐村党支部书记顾伟达介绍说。

---

① 1斤=500g，下同。

目前，除了已建成的横沙乡湿垃圾处理站，崇明其余 17 个乡镇完成了镇级湿垃圾处理站选址、用地等手续办理，将在这几年陆续建成投用。

3）探索押金制度。根据上海市绿化和市容管理局的指导意见，崇明要探索建立岛内包装物减量的押金回收等制度。实际上，此举在某些国家和地区的垃圾分类实践中就在采用，它不仅促使企业在生产商品时要考虑减少包装，承担包装的回收处理，同时也鼓励消费者共同参与垃圾分类、资源回收。

3. 能源利用

上海的农村居民能源主要是煤气、天然气、液化石油气和电，其中使用煤气、天然气、液化石油气的占 97%，用电所占比例为 72%。上海液化石油气使用比例较高，主要采用瓶装形式，其农村充气网点也已覆盖，相对来说还是保证了农户的使用；使用沼气的比例不高，主要是使用效率不高，使用管理不善也占了一定的比例；使用太阳能源的占比也不高，所占比例大约为 0.2%，主要是使用不便，且不稳定。

上海农村液化石油气的使用，将来可探索集中归并的道路。首先，可建设分散式的小型集中供气装置，并设置供应液化石油气的服务站，服务站可建成综合服务设施，不仅可以供气，还可以做其他服务项目。另外，结合服务站建设，又可以建造太阳能装置等产能、节能装置。这个小型的服务站，可以在局部范围内建造由若干配送点组成的配送网。罐装车将液化石油气运到村内配送点，由村内配送点来配送。当然，有一点很重要的是，液化石油气的效率要高且成本要低。

另外，在考虑便利性的基础上，还要重点考虑控制农村居民的使用成本，推动能源使用的可循环性。

（二）上海地区调研结果分析

1. 关于乡村环境治理调研结果分析

农村居住相对较为分散，带来的生活污水、生活垃圾收集困难、处理成本高等问题，是乡村环境治理中的关键问题。上海市各级政府提前布局，使污水处理率已达到 60%，部分乡村甚至达到了一级 A 标准；农村生活垃圾都是集中处理或部分集中处理，处理率基本达到了 100%。取得了较为突出的成效，达到了全国领先水平，主要原因如下。

1）不断增加投入，改善了乡村环境整治设施条件。乡村环境整治是一项投入多、收效少、惠泽于民的民生工程。长期以来，乡村环境未受到足够的重视，历史欠账较多。因此，乡村环境的整治需要大量持续的资金支持，以改善或新建其相应的基础设施，引进生活污水和生活垃圾处理设备。上海市对崇明区农村生活污水处理项目总投资分三年完成，投资总额达 46 亿元。上海市政府持续不断的投入，为上海乡村环境整治提供了基本保障。

2）正确宣传引导，增强乡村环境卫生保护意识。坚持舆论先行的原则。改变农村落后现状和农民习惯的生活方式，不是一朝一夕能够完成的，需要长期的宣传引导和艰苦细致的思想工作。农民环保意识的增强，是农村环境整治的关键。上海部分乡镇政府，除加大对环境保护的宣传外，还实施了垃圾分类积分制、兑换日用品的方法，以此调动农民参与生活垃圾分类的积极性。同时，对不进行垃圾分类的农户和个人实施一定的处罚。

3）要形成统一认识，以强大的合力强化乡村环境整治。乡村环境整治不像项目建设那样创造财富，不像城市建设那样立竿见影，但事关未来发展、身心健康和社会稳定，必须要有高度的认识和强大的合力组织实施。上海市各级政府非常重视乡村环境整治，上下齐心，统一认识；同时强化村民参与制度，在生活污水治理设计、选址和投资过程中，确保村民的知情权、参与权、决策权和管理权。通过村级"一事一议"制度，鼓励村民积极投身生活污水处理设施建设与维护，调动"未来使用者"的主体意识和积极性。

2. 关于乡村新能源调研结果分析

上海农村太阳能使用比例也不高，大约仅为 0.2%，主要原因是使用不稳定。农户聚集地区能源使用以天然气为主，散户区以液化气为主。沼气使用占有率较低，主要是使用效率不高，管理不够完善，主要原因如下。

1）部分沼气工程的长期运行缺乏资金维护。多年来政府在沼气工程验收后，直接移交牧场自管或者第三方运维公司托管，但是在沼气工程自身维护保养方面未给予经费投入，完全依靠企业自身解决经费问题。随着沼气站运营年份的增加，首先，企业设备维护保养工作量大幅上升；其次，沼气产出未能得到有效利用；再者，养殖工艺改变，污水外运压力与日俱增；以上因素造成对工程设备的维护保养投入严重不足，导致设备损毁严重。

多次的安全检查结果表明，运行时间较长的沼气站因为资金短缺，运营维护投入不足。如果不能及时对老化损坏设备进行必要的更新改造，企业确实也无法保证托管沼气站的安全稳定运营，老化设备的更新改造已经刻不容缓。

2）"三沼"补贴和农机补贴未能落地。沼气是一种宝贵的可再生清洁能源，可以自用或者发电，可以得到发电上网的补贴，还可能得到可再生能源的电价补贴；沼渣是一种很好的有机肥料，但至今未列入有机肥补贴，必须制成有机固肥才能得到相应的补贴；沼液暂时还未能得到政府补贴，但是浓缩提纯技术赋予了沼液价值。例如，上海森农环保科技有限公司将沼液浓缩制成商品液肥在网上进行销售，提高了沼液的经济效益。

对于沼气工程的进料泵、沼液喷灌的提升设备、沼渣分离的固液分离机、沼气发电的沼气发电机组、沼气加温的太阳能热水系统等，外省市都列有农机补贴，而上海市至今未明文规定。

二、浙江省

课题组于 2018 年 12 月 5～6 日赴浙江省的德清县和安吉县调研乡村建设情况。

德清县和安吉县距离杭州较近，前者距离 50 余千米，后者距离 70 余千米。得益于浙江省"千村示范、万村整治"工程，这两个地方的村容十分整洁，基础设施建设投入大，所以交通也十分便利。德清县依靠莫干山这个避暑胜地，大力发展旅游产业，其中，"洋家乐"吸引了大量的外部投资，同时莫干山镇的居民返乡开办民宿，使当地居民收入增加。

浙江省是中国比较富裕的省份，在乡村建设方面走在全国前列，目前浙江省已经进入到乡村建设的深化提高阶段，在美丽乡村建设方面积累了大量宝贵经验。

（一）现状

1. 生活污水

（1）浙江全省

浙江省农村生活污水治理工作开始得比较早，始于 2003 年的"千村示范、万村整治"工程。"千村示范、万村整治"工程分为 3 个阶段。第一阶段是 2003～2007 年的示范引领阶段，在此期间 1 万多个建制村完成了道路硬化、卫生改厕、河沟清淤等工作。第二阶段是 2008～2010 年的整体推进阶段，主抓畜禽粪便、化肥农药等面源污染整治和农房改造。第三阶段是 2012 年以来的深化提升阶段，攻坚生活污水治理、垃圾分类、历史文化村落保护利用等。2013 年，基于"绿水青山就是金山银山"的理念，浙江省做出了"五水共治、治污先行"的工作部署，并于 2014 年全面展开农村生活污水治理工作。

2014～2016 年，浙江省实施"农村生活污水治理三年攻坚战"。2014 年实施治理村6120 个，受益农户 150 万户；2015 年实施治理村 10 010 个，受益农户 245 万户；2016年实施生活污水治理村 4173 个，受益农户 115 万户。经过 3 年的努力，截至 2016 年，全省农村生活污水有效治理村镇覆盖率从2013 年的12%提高到90%，农户收益率从2013年的28%提高到74%，基本实现全省规划保留村生活污水有效治理全覆盖。2014～2016年 3 年，对于农村污水处理，浙江省省级财政投入 100 亿元，加之县级财政投入，共建成厌氧处理终端 10 万多个，好氧处理终端站点 18 206 个，敷设村内主管道 34 483km，新增改造化粪池 301 万户。目前，浙江省农村污水处理设施建设已基本完成，全面进入标准化运维和提标改造阶段。2017 年，浙江省实施早期建设的农村污水处理设施提标改造村 1777 个。

2015 年，浙江省发布了省级农村污水排放标准——《农村生活污水处理设施水污染物排放标准》（DB 33/973—2015），对 COD、氨氮、总磷等指标进行了规定。此外，浙江省还发布了《农村生活污水治理设施标准化运行维护评价标准》《农村生活污水治理设施第三方运维服务机构管理导则》《农村生活污水治理设施运行维护管理导则》《农村生活污水厌氧处理终端维护导则》《农村生活污水好氧处理终端维护导则》《农村生活污水治理设施编码导则》《农村生活污水治理设施出水水质检测与结果评价导则》《农村生活污水 A^2O 处理终端维护导则》《农村生活污水 AO 处理终端维护导则》《农村生活污水生物滤池处理终端维护导则》《农村生活污水人工湿地处理终端维护导则》《农村生活污水一体化设备处理终端维护导则》《农村生活污水处理设施机电设备维修导则》等标准、导则，为农村生活污水的治理提供了指导和依据。

针对农村生活污水的特点，在处理工艺选取时应充分考虑农村的经济水平、地形地势、所处的地理位置以及管理水平，以期达到因地制宜、投资少、运行管理方便等效果。浙江省地形复杂，山地和丘陵占 70.4%，平原和盆地占 23.2%，河流和湖泊占 6.4%，因此，浙江省大部分村庄相隔较远、地形地势差别大。这造成农村生活污水排放分散，无法建立统一的排水系统。浙江省目前常用的农村生活污水处理模式主要有 4 种：纳管进入污水处理厂处理模式、村域污水处理终端模式、联户处理模式和独户处理模式。

对于位于城镇周边，距离城市或城镇的市政管网较近的乡村，能纳入城镇污水管网的积极纳入城镇污水管网，污水进入市政污水处理厂统一处理，日常运维管理及出水水质均有良好保障。例如，安吉县的目莲坞村距离县城约 5km，所以该村污水纳入安吉县的污水管网。对不能进厂处理的村庄就地自建集中型、区域型、联户型、单户型生态污水处理设施。在处理工艺选择上，综合受纳水域功能要求、经济发展水平、常住人口和当地农民的实际需求，选择成熟可靠、经济适用、能耗低、易维护的技术工艺。浙江省同步发布了《关于加强农村生活污水治理设施运行维护管理的意见》，推动各地建立起"县级政府为责任主体、乡镇政府为管理主体、村级组织为落实主体、农户为受益主体、第三方专业服务机构为服务主体"的"五位一体"设施运行维护管理体系。

（2）德清县

德清县制定了《关于生态县建设的实施意见》《农村环境卫生长效管理实施细则（试行）》等。

目前，德清县已形成集中处理和分散处理两大农村生活污水处理方式。适宜纳入城镇管网的农村生活污水通过城镇污水处理厂集中处理，不能纳入城镇管网的则采用适宜技术建设污水处理设施分散处理。

由于当地农村生活污水具有分散、水量波动大、含一定量的氮磷和可生化性好等特点，现有的两种技术是生物处理技术和自然净化技术，应用较为广泛的技术主要有：厌氧生物技术、人工湿地技术、好氧生物技术、稳定塘技术、土地渗滤技术及膜处理技术等。

以化粪池为主的简单处理农村生活污水的处理设施占全县污水处理设施总数的50%以上；人工湿地处理设施和技术次之，占全县总数的 30% 左右（图 8-6）；好氧生物处理技术虽然近几年应用有所增加，但由于投入高、管理难等原因，应用较少；稳定塘处理技术由于受适用条件的限制，应用更少；为了达到高标准的出水要求，一些工程在实际中还采取了多种技术（3 种及以上）组合使用的方案。

总体上，德清农村生活污水处理工程主要采用了单纯的厌氧生物处理模式（不包括化粪化和沼气池）、人工湿地处理模式、好氧生物处理模式和稳定塘处理模式这四大技术模式。

图 8-6　人工湿地处理模式

（3）安吉县

从 2008 年起，安吉县全面开展"中国美丽乡村"创建工作，其领衔制定的《美丽乡村建设指南》将美丽乡村建设安吉模式从省级规范上升为国家标准。截至目前，安吉县已建成"美丽乡村精品村"164 个，其中已建和在建的"精品示范村"21 个，实现了乡镇（街道）全覆盖的目标。

安吉县是"绿水青山就是金山银山"重要思想的发源地、中国美丽乡村发源地、全国生态文明试点县。安吉县制定了《中国美丽乡村建设实施意见》《村庄环境卫生长效管理实施办法》等，对于乡镇、村、个人均在经费保障和管理上予以具体规定。目前，安吉县县域农村生活污水治理覆盖率已达到 100%，农村生活污水治理农户受益率达到 90% 以上。

2. 生活垃圾治理

（1）浙江全省

浙江省的乡村生活垃圾集中收集有效处理已实现建制村全覆盖，11 475 个村实施生活垃圾分类处理，占建制村总数的 41%。全省现有农村保洁员 6 万多名，配置清运车 6 万多辆，建设机器快速成肥资源化处理站 1800 多个，建设太阳能沤肥房 2.3 万处，2017 年全省各级投入农村垃圾治理费 26 亿元。目前绝大多数建制村已实现保洁队伍、环卫设施、经费保障、工作制度"四个到位"，初步建立起了覆盖城乡、运作规范、利用高效、处理彻底、保障有力的农村生活垃圾集中处理体系。

浙江省的农村垃圾治理是 2003 年提出的，基本策略是"户集、村收、镇运、县处理"，对于山区、海岛等交通不便地区，垃圾就地处理。垃圾处理基本原则是减量化、无害化、资源化。垃圾分类，厨余垃圾留在村里处理，很多地区，如德清、安吉等的农村地区，配置有小型堆肥设备，将厨余垃圾变成肥料回用于农业，其他不能堆肥的垃圾运到县城处理，提倡垃圾焚烧发电。

浙江省安吉县灵峰街道大竹园村，垃圾收集采取"垃圾不落地"策略，全村不设垃圾箱，垃圾收集车定点到农户门口收集。

（2）德清县

从工作方式角度来看，德清县农村生活垃圾治理大致可以划分为五个阶段。

第一阶段以群众自发治理为主，所采用的治理方式也以传统模式为主。这一阶段为中华人民共和国成立初期，这一时期农村整体生活水平比较差，同时生活垃圾的产生量也相对较少，主要以有机物为主，所采用的处理方式也以焚烧为主，因此整体造成的环境污染可以忽略。

第二阶段是政府引导阶段。从 1952 年开始，浙江省政府部门响应党中央的号召，成立了卫生运动委员会，各个地区的百姓开始动手改造环境。在政府部门引导下开展了多种垃圾治理行动，包括教育行动和改造行动等，从而对推动农村垃圾处理起到了积极的作用，这也为后续的垃圾治理提供了有力借鉴。

第三阶段是围绕浙江省美丽乡村建设开展的。2003 年，浙江省按照全面建设小康示范村的标准开始实施"千村示范、万村整治"工程，这一时期主要任务是从整治村庄环境脏、乱、差问题入手，而德清县重点从完善农村生活垃圾处理、农村改厕、路面硬化、排污、生活污水治理等问题入手，同时加强农村公共基础设施建设并建立长效的保洁机制，着力改善农村整体的生产生活条件。经过几年的努力，德清县实施了垃圾固废处理、畜禽养殖污染治理、生活污水处理、河沟池塘污染治理等重点工作，切实改善了农村人居环境。此外，德清县自 2005 年逐步推行"户集、村收、镇运、县处理"的垃圾集中收集处理模式，力图实现生活垃圾减量化、无害化、资源化，但在这一阶段还仅仅以试点的方式开展，覆盖面极小。

第四阶段主要是为了建设美好家园而开展的各项治理活动，从 2008 年开始德清县开展了"和美家园"活动，其根本目标是打造良好的农村生态环境。德清县政府积极推动村庄建设和品牌建设，通过三年的不断努力，建立了 50 多个精品村。而德清县的农村生活垃圾治理工作也随着"和美家园"建设得到了进一步的发展，除了以生活垃圾收集、生活污水治理等为重点，继续从源头推进农村环境综合整治之外，从 2005 年开始逐步推行的城乡生活垃圾处理一体化模式得到了迅猛发展，至 2009 年，德清基本建立了全县范围内的城乡垃圾处理一体化工作机制，全县城乡垃圾收集覆盖率达到 100%，生活垃圾无害化处理率达到 100%，进一步实现生活垃圾的减量化、无害化、资源化。个别乡镇也开始采用市场化运作模式，将村庄的环卫保洁工作外包给私人企业，每个行政村都有专职保洁清运人员，初步做到了生活垃圾的日产日清，同时借此强化农村群众的卫生意识教育。

第五阶段是以 2014 年全县城乡环卫一体化试点工作启动为开端，德清的农村生活垃圾治理进入了新阶段。在坚持党中央的意见，同时围绕国家针对农村生活垃圾转向治理要求的同时，德清县先走一步，大胆探索，在城乡垃圾处理一体化工作机制建立的基础上，针对之前的模式逐渐暴露体制不顺、标准不明、管理缺位等实际问题，率先实施了"一把扫帚扫到底"的城乡环境管理一体化新模式，不断围绕农村生活垃圾治理完善相应机制。

3. 能源利用

（1）浙江全省

浙江省的"千村示范、万村整治"工程，涉及乡村能源利用较少。《浙江省乡村振兴战略规划（2018—2022 年)》中提到"构建农村清洁能源供应体系"，包括完善农村电力网络建设、全面推广应用清洁能源。全面推广应用清洁能源，主要是推进天然气配气管网向乡镇延伸，加快农村天然气覆盖，同时积极发展沼气能、太阳能等清洁能源。

目前浙江省乡村能源结构，以电能和天然气、液化气为主，太阳能和沼气能的应用还比较少，部分建筑屋顶装有太阳能热水器或太阳能光伏发电板，部分路灯安装有太阳能电池板（图8-7）。

图 8-7　太阳能使用

（2）德清县

德清县农村建筑以 2～3 层为主，限高在 10m 以内。2000 年后建设的建筑大多为钢混结构，建筑内部功能布局与城市建筑几乎没有区别。德清县的乡村制冷采暖均以电能为主，用电高峰在夏季制冷期和冬季采暖期。五四村的天然气已全覆盖，因此液化气、秸秆等薪柴和煤炭的使用量几乎为 0。

（3）安吉县

安吉县乡村住宅大多在 3 层以内，限高不超过 10m。2000 年之后建设的住宅，与城市

图 8-8　德清县调研照片

建筑基本没有差别。部分住宅安装有太阳能热水器，为避免太阳能热水器影响建筑立面，有些建筑将水箱置于建筑内部。在普通农户的用电量中，家用电器占比最大，其次是炊事和热水，制冷和采暖占比较小。而对于山区民宿，制冷能耗最大，其次是家电，再次是烹饪和热水，照明和采暖占比较小。

图 8-9　安吉县调研照片

（二）调研结果

1. 关于乡村环境治理调研结果分析

浙江省的美丽乡村建设和环境治理工作开展得比较早，从 2003 年开始启动"千村示范、万村整治"工程。截至 2017 年，全国有污水处理设施的村庄比例为 20%，而浙江省的乡村污水处理设施覆盖率已达到 90%，受益农户达到 80% 以上。在垃圾收集处理方面，浙江省已基本实现集中收集处理建制村 100% 全覆盖，分类收集处理的建制村已达到 41%。浙江省的乡村环境整治取得如此突出的成效，主要有以下几方面的原因。

1）强大的经济基础，为乡村环境治理提供了有力的支撑。2017 年全省各级投入农村垃圾治理的经费为 26 亿元，浙江省在 2014～2016 年这 3 年间，对于农村污水处理，省级财政投入 100 亿元，此外还有市县各级财政配套。浙江省各级政府持续不断的投入，为乡村环境整治提供了基本保障。

2）各级领导的高度重视，保证了乡村环境整治的有效实施。浙江省安吉县余村村是"两山"理论的发源地。2005 年 8 月，时任浙江省委书记的习近平在余村调研时，首次提出了"绿水青山就是金山银山"的重要论述。此后，浙江省各级政府高度重视乡村的生态环境保护。2013 年做出了"五水共治、治污先行"的工作部署，并于 2014 年全面展开农村生活污水治理工作。

3）村民环境保护意识高，有利于乡村环境整治工作的开展。浙江省一直以来非常重视环境保护的宣传，再加上浙江省的乡村青年人比例较高，如安吉县已不存在乡村的老龄化和"空心化"现象，因此浙江省村民的整体素质较高，有利于环境治理工作的开展。安吉县的灵峰街道大竹园村和蔓塘里村，垃圾收集采取"垃圾不落地"政策，全村不设垃圾箱，垃圾收集车定点到农户门口收集。整个村镇环境干净整洁，路上不见垃圾，也没有垃圾箱、垃圾桶和垃圾池。两村收集垃圾模式的关键点是：农户将垃圾分类装袋后放在家中，每天在固定的时间、固定的地点，由固定的人员统一收集，转运至县城进行处理。"垃圾不落地"政策的实施靠的是村民良好的环境保护素质，村民养成良好的卫生习惯，形成保护村内环境的自觉，有利于乡村环境治理工作的开展。

2. 乡村能源利用方面的调研结果分析

浙江省的"千村示范、万村整治"工程、美丽乡村建设，涉及道路硬化、垃圾收集、卫生改厕、河沟清淤、村庄绿化、污水处理、化肥农药面源污染整治、农房改造、历史文化村落保护等各个方面，但关系乡村能源利用的内容比较少。调研走访的几个村庄，如德清县的五四村，安吉县的蔓塘里村、大竹园村，其住宅建筑与城市别墅无区别，且已经实现天然气全村覆盖，所以能源利用类型主要是电能和天然气。《浙江省乡村振兴战略规划（2018—2022 年）》中提到"构建农村清洁能源供应体系"，包括完善农村电力网络建设、全面推广应用清洁能源。其中全面推广应用清洁能源，主要是推进天然气配气管网向乡镇延伸，加快农村天然气覆盖，同时积极发展沼气能、太阳能等清洁能源的应用。调研中也发现有太阳能路灯、太阳能热水器的应用，但对于浙江省较全面的沼气能和太阳能应用的情况，还需要进一步调研。

三、山东省

与上海和浙江不同，山东的经济发展城乡差距相对较大，为了对相对落后的乡村进行调研，2019 年 4 月 16～18 日，课题组一行 16 人前往山东省住房和城乡建设厅和临朐县，得到了当地各部门的大力支持。山东省住房和城乡建设厅介绍了山东乡村的基本情况和建设规划：山东省是农业大省，目前城镇化率达到了 70%，但仍有 3000 万人在农村，城乡基础设施、公共服务和收入水平差距仍然较大，2018 年山东省编制完成了《山东省农村人居环境整治三年行动实施方案》，以此指导山东省未来乡村建设。

临朐县经济水平在山东省相对中等偏下，与其他传统村落一样，"空心化"很严重，相对课题组前两个省份调研的乡村，临朐县属于落后地区。临朐县目前正处于加大基础设施建设和乡村环境整治阶段。

图 8-10　山东临朐县村容

（一）现状

1. 全省乡村污水和垃圾处理及能源利用现状

2018 年山东省编制完成《山东省农村人居环境整治三年行动实施方案》，明确到 2020 年，全省农村人居环境明显改善，基本完成农村卫生厕所改造，95% 以上的村庄实施生活垃圾无害化处理，50% 以上的村庄对生活污水进行处理，30% 以上的村庄达到省级美丽乡村建设标准，并构建有制度、有标准、有队伍、有经费、有督查的村庄人居环境管护长效机制。

山东省实施乡村振兴效果显著，17 个村被命名为全国改善农村人居环境示范村，数量居全国第一；在"百镇建设示范行动"基础上，山东省启动了小城镇"1310"示范提升工程，全省共有 10 个新生小城市试点（镇）、30 个重点示范镇，有 109 个进入创建名单的省级特色小镇和 22 个国家级特色小镇。

（1）污水处理

1）"厕所革命"。2016 年以来，全省累计新改户厕 1000 多万户，出台《关于深入推进农村改厕工作的实施意见》《关于加快建立长效管护机制深入推进农村"厕所革命"的通知》，制定了《山东省农村无害化厕所改造考核验收办法（试行）》，建立起覆盖建设、管护、认定等环节的政策体系。

厕所改造后，旱厕改为水冲厕所，污水流入化粪池进行初步处理，然后由专业公司收集转运处理。

2）其他污水处理。除厕所废水外，其他生活污水，包括洗菜、做饭、洗漱、洗浴、洗衣废水，依乡村基本情况，分情况处理。对于距离城镇污水管网近的乡村，污水纳入管网处理。对于试点示范的村庄，有财政支持，已铺设污水管网，污水集中处理。对于资金不足的乡村，无力建设污水处理设施，洗菜废水用于灌溉，一般家庭无淋浴设施，洗浴需到公共洗浴场所，所以乡村污水难以形成持续稳定的流量。山东省乡村自来水覆盖率已达到90%以上，但很大一部分农户保留有水井，部分农户为节约水费，饮用、做饭用自来水，洗浴、洗衣用井水。

（2）垃圾处理

自2014年起，山东省连续三年实施城乡环卫一体化行动，推动城市生活垃圾处理向农村延伸，形成了运行成熟的"户集、村收、镇运、县处理"的城乡环卫一体化垃圾处理模式。

（3）能源利用

1）农房节能改造。2008年以来，山东省大力开展以城市老旧住宅为对象的既有居住建筑节能改造工程，累计改造完成建筑1.62亿 m^2，在推广模式、管理机制、技术路线等方面积累了丰富经验。2013年以来，先后组织建设2000余户绿色农房示范，支持东平县88万 m^2 的蓄滞洪区移民安置社区开展农村墙材革新与建筑节能示范。济南、淄博等市结合冬季清洁取暖工作，因地制宜开展了农房节能改造试点。

2）清洁取暖。省政府成立了清洁取暖和天然气产供销体系建设工作领导小组，在省发展和改革委员会、省住房和城乡建设厅、省能源局分设综合协调、建设推进、供应保障3个办公室，出台《山东省冬季清洁取暖规划（2018—2022年）》《山东省储气设施规划建设方案（2018—2020年）》等政策，印发了《关于完善清洁取暖价格政策的通知》，将清洁取暖的价格支持政策由7个通道城市扩大到全省16市。2018年全省城市（县城）新增清洁取暖面积9320万 m^2，农村地区新增清洁取暖74.76万户。

沼气冬季产生量小，夏季产量高，但冬季采暖是沼气需求量最大的季节。通过建设大中型沼气厂，采取一定措施提高冬季产量，沼气可以成为乡村一种优良的能源。例如，临朐县对于沼气的开发利用就收到很好的效果。目前，山东省的清洁取暖方式有煤改气、煤改电、生物质颗粒+高效节能炉、清洁煤+专业炉具取暖等。

2. 临朐县乡村污水和垃圾处理及能源利用现状

截至2018年底，临朐县建成省级美丽乡村示范村4个，市级美丽乡村4个，达到《美丽乡村建设规范》（山东省地方标准）的美丽乡村160个，全县美丽乡村覆盖率54%。

临朐县坚持规划引领，根据乡村振兴总体规划，合理安排建设时序，分步推动县域统筹规划、乡镇连片推进、村庄整体实施。"中心村"发挥集聚功能，规划公共服务中心，吸引人口聚集，辐射周边村庄；"一般村"主要实施环境整体整治，改善村容村貌；"空心村""偏远村"主要实行迁村并点、异地搬迁；"传统村落"主要实行保护修缮，促进历史遗存与自然环境融为一体。

临朐县制定下发了《乡村生态振兴实施方案及推动乡村生态振兴三年行动方案》《农村人居环境整治三年行动实施方案》，以村容村貌提升为主攻方向，已完成336个村庄整治，新建农村新型社区8个，新建美丽宜居村庄40个，提升农村社区服务中心20个，新建农村公路269km，硬化村内道路42km。

（1）污水处理

临朐县2016～2018年三年改厕行动中，共完成改厕51 424户。临朐县每个乡镇都建有污水处理厂或污水处理设施，其中冶源镇、辛寨镇建有污水处理厂，日处理规模1万t；其余镇建有污水处理设施15处，处理总规模达到日处理能力3700m³。污水处理管网配套81.7km，完成工程总投资1.9亿元。已建成村镇污水处理设施运行情况基本正常，各项指标基本达标，取得了预期效果。其中，花园河村投资600万元，开展了"改路、改电、改水、改厕，清庭院、清街巷、清河道""四改三清"行动，改造了电网、水网，完成256户旱厕改造，村容村貌得到极大改进。

厕所改成水冲厕所后，污水经化粪池处理（图8-11）。调研中，除化粪池外未发现其他污水处理设施。

图8-11　化粪池

（2）垃圾治理

临朐县垃圾处理，形成了"户集、村收、镇运、县处理"的运作模式，乡村环境面貌显著改善。

赛子崮村进行了环卫一体化综合治理，清理柴、粪、垃圾"三大堆"，对河道进行清理，全村垃圾由保洁公司集中处理，"脏、乱、差"现象得到彻底治理。

图8-12　垃圾分类

（3）能源利用

农村沼气蓬勃发展，截至目前，临朐县建成沼气示范村192个，占全县村庄总数的

55%，农村户用沼气池 3.45 万座，大型沼气池 5 处，中小型沼气工程 45 个，年产 1390 万 m³ 沼气，折标煤 112 万 t。

临朐县农村地区取暖以分散取暖为主，取暖方式主要是燃煤取暖，同时也在大力推进清洁取暖，目前大部分村庄已采用清洁燃煤取暖。

图 8-13　燃煤灶

截至 2018 年，全县建有各式水电站 29 处，风力发电站 8 个，装机 43 台，规模 3072kW；并网地面集中式光伏发电项目 4 个，并网规模 6 万 kW，并网分布式光伏发电项目 14.36 万 kW，光伏扶贫项目 135 个，并网规模 1.28 万 kW。敷设中压及以上天然气管线 230km，新寨镇、冶源镇实现镇区集中供气，在五井镇、蒋峪镇、寺头镇实现局部供气，居民用户 6.4 万户。

图 8-14　太阳能光伏发电

（二）调研结果分析

1. 实施乡村振兴战略以来，山东省乡村环境得到了极大改善

山东省作为人口大省、农业大省，在推进国家乡村振兴战略中至关重要。2018 年 3 月，习近平总书记在参加十三届人大一次会议山东代表团审议时就实施乡村振兴战略发表了重要讲话，提出推动乡村产业振兴、人才振兴、文化振兴、生态振兴、组织振兴"五个振兴"以及推动乡村振兴健康有序进行的明确要求。山东省委省政府认真贯彻习近平总书记指示要求，先后做出了一系列部署和要求，全面推进乡村建设，目前乡村建设取得了卓有成效的进展。山东省已建立 156 个美丽乡村试点，农村垃圾收集处理已于 2016

年达到 100% 全覆盖，清洁取暖 74.76 万户，乡村环境得到了极大改善。

图 8-15　太阳能热水器

2. 山东需加强厕所污水的资源化利用和排放管控

"厕所革命"进展很快，山东省乡村厕所改造已过半，需加强厕所污水的资源化利用和排放管控。

"厕所革命"最早由联合国儿童基金会提出，厕所是衡量文明的重要标志，改善厕所卫生状况直接关系到这些国家人民的健康和环境状况。2014 年 12 月，习近平总书记在江苏调研时表示，解决好厕所问题在新农村建设中具有标志性意义，要因地制宜做好厕所下水道管网建设和农村污水处理，不断提高农民生活质量。中国农村改厕的目标是到 2020 年农村卫生厕所普及率达到 85%。2016 年以来，山东省农村累计改厕 1000 多万户，山东省常住人口约 1 亿人，常住人口城镇化率为 61.18%，可见山东省乡村厕所改造已过半，成绩显著。

目前山东省的厕所改为水冲厕所后，出水经化粪池预处理，预处理后的污水经专业公司转运处理，处理后再进行排放。对于厕所污水，有两点建议，①建议化粪池污水用于农田灌溉，减少化肥的使用，节约资源；②若化粪池污水经处理后排放，一定要对排放的污水进行严格管控，防止污染土壤、地表水和地下水。

3. 山东污水管网相对较少，污水处理设施短缺

山东省乡村自来水管网覆盖率较高，但污水管网相对较少，污水处理设施短缺。据山东省住房和城乡建设厅介绍，山东省乡村自来水管网覆盖率已达到 90% 以上，在水网建设方面取得了很好的成绩，但污水管网建设相对较少，有以下几方面的原因。①农民用水比较节约，厕所废水经化粪池处理后由专业公司转运，洗菜、洗漱、清洁的废水用于浇菜、浇花，刷锅刷碗废水用于饲养牲畜家禽，水资源高效利用，使得污水产生量很少，难以形成径流，所以即使建了污水管网也很难收集到污水。②农村居住分散，导致管线长，建设污水管网耗资巨大，大多数乡村没有足够资金支持污水管网建设。因此，对于居住分散、资金不足的乡村，污水处理管网可以不建。但为避免污水污染土壤和地

下水，污水必须处理，可以建设分散的小型污水处理设施，如价格低廉的生态处理设施。

4. 山东省乡村垃圾收集处理模式已建立，垃圾分类有待进一步推进

山东省在乡村垃圾处理方面，已形成较为清晰的统一思路，即"户集、村收、镇运、县处理"的模式，并且在 2016 年首批通过了国家农村生活垃圾治理验收，农村生活垃圾治理达到了乡村 100% 全覆盖。淄博市博山区、枣庄市市中区、邹城市、肥城市、费县、冠县、郓城县 7 县入选全国农村生活垃圾分类试点，但垃圾分类还有待进一步向全省推进。

5. 房屋节能改造和清洁取暖取得一定成效，清洁能源应用需进一步推进

山东省组织建设了 2000 余户绿色农房示范，支持东平县 88 万蓄滞洪区移民安置社区开展农村墙材革新与建筑节能示范，推动建筑节能向农村延伸。2018 年全省农村地区新增清洁取暖户 74.76 万户。临朐县建成沼气示范村 192 个，占其村庄总数的 55%，农村户用沼气池 3.45 万座，大型沼气池 5 处，中小型沼气工程 45 个，年产 1390 万 m³ 沼气。但就全省范围来看，清洁能源，如太阳能、沼气能等的应用还需要进一步推广。

6. 乡村环境治理和清洁能源开发利用建设运营经费不足

乡村污水管网、污水处理设施的建设和运营需要大量资金，清洁能源（如沼气能、太阳能）的开发、房屋节能改造都需要资金，大多数乡村地区在持有资金方面，不如城市。因此，乡村环境治理和清洁能源开发利用，需要财政补贴支持。

四、河南省开封市水稻乡

河南省是农业大省，而且城乡差距相对较大，课题组成员于 2019 年 5 月 16 日利用外出公干的机会对开封市水稻乡双河铺村进行调研。

开封市水稻乡是全国唯一以粮食作物命名的乡，水稻乡产业结构低度化，经济基础十分薄弱，生态环境也遭到一定程度的破坏，已经制约了当地经济建设的发展。同时由于人多地少，剩余劳动力较多，村庄规模小而分散，乡镇村庄普遍缺乏规划，农民生活质量差。近年来，水稻乡的干部编制了乡镇建设规划，针对问题，该乡一方面坚持恢复生态环境，另一方面优化产业结构，在保证第一产业发展的基础上，结合当地实际情况，一村发展一种生态第二产业。同时根据人口、资源、产业的空间分布，遵循城乡一体化、人居环境改善及居民点合理布局的原则，对村庄进行规划。水稻乡虽然起步较晚，但是乡村规划编制思路正确，值得类似乡村借鉴。

（一）现状

1. 社会经济发展存在的主要问题

（1）产业结构低度化，经济基础薄弱

水稻乡的产业结构是第一产业不发达，第二、第三产业发展缓慢。全乡虽有优越的自然条件和区位条件，但农业内部结构却极不合理，以单一的种植业和水产养殖业为主，种植业内部粮食作物比例大，经济作物、蔬菜、瓜果比例小。传统的耕作方式和落后的生产技术，造成农民增产不增收。全乡工业企业数量少、规模小，现有的 9 个乡镇企业集中分布在花生庄和陈坟村。另外，在黄河大堤以内，分布有大量砖窑。工业以传统的普通机械加工业、建材业为主。工业设备落后、产品档次低、产品质量欠佳，难以带动乡域经济的继续增长。第三产业发展缓慢，餐饮旅游业和汽车销售及物流配送刚刚起步，经济效益不明显。第三产业以传统的餐饮服务和汽车销售为主，没有现代化的信息、咨询、房地产、保险等服务业。这种产业结构造成水稻乡经济停滞不前，经济总量低，2011年农民人均收入为5409元。

（2）生态环境遭到一定破坏，可持续发展受到威胁

水稻乡位于黄河岸边，拥有大片的黄河湿地和防护林，但森林覆盖率仅为3.5%，低于开封市总体水平。部分地区经过多年的滥垦乱伐、过度放牧等掠夺式开发，自然环境遭到很大破坏。加之该区降水多集中在6～8月，大雨和暴雨较多，造成大量的水土流失。近年来挖沙、筑路、烧窑取土等建设和生产活动，对生态环境造成新的破坏。水稻乡虽无大型工矿企业，环境未遭严重破坏，但多年来农作物种植中化肥、农药的大量使用，导致土壤环境质量逐年下降。生态环境的破坏不仅影响当地的生产生活，阻碍经济建设的发展，而且也危害着开封市水源地之一———黑池水库的水量和水质。

（3）农村劳动力剩余较多

水稻乡由于黄河滩区、水域所占面积较大，耕地面积较小，在开封市域内属人均占有耕地较少的地区。由于人均占有耕地较少，近年来农村劳动力已有部分转移，但剩余情况仍相当严重。2011年全乡总人口30 668人，劳动力约占63.3%。据调查，剩余劳动力尚有0.5万人。随着生态环境的恢复，黄河大堤以内的滩地必须退耕还林、还草，以及随着农业现代化程度的不断推进，农村剩余劳动力将进一步被释放。对农村集镇化而言，这既是一种"推力"，也是一种压力。

（4）村庄规模小而且分散

水稻乡总面积97km^2，扣除黄河与黑池的水域，在不到50km^{2}的陆地面积上分布有30 668人、16个行政村、36个自然村、105个村民小组。这种小规模分散的村落特征：①由该乡传统的耕作方式决定；②与该乡长期以来单一的主导产业——农业生产规模直接相关。这种分散的小规模的村落分布带来一系列的"农村病"，由于达不到合理的规模，公共服务设施和基础设施水平低下，儿童就学不便，人们精神文化生活枯燥、缺乏社会交往的机遇等。同时，村庄占地多，浪费土地资源。随着经济的发展和人们思想观念的转变，外出打工、经商的农民会增多，会出现空房率和土地资源浪费增大。所以，有必要通过迁村并点等措施对乡域村落布局做进一步调整。

（5）乡镇村庄普遍缺乏规划，农民生活质量差

近年来水稻乡农民的住房条件有一些改变，但由于缺乏统一的规划，建设用地和布局不尽合理，造成土地浪费、建筑档次低等弊端产生。尤其是为居民服务的公共设施、基础设施严重缺乏，上水不通，下水不畅，道路狭窄、弯曲，路面质量差。环境脏、乱、差，并且缺少商贸、医疗、文体等必要的公共服务设施，以致农民生活质量差。

2. 乡域社区布局规划

（1）实施居民点整合

村庄合并是村镇体系建设的一种必然要求。水稻乡过小和过于分散的村庄格局，

不仅不利于土地的集约化利用、基础设施和公共服务设施的共享，也不利于村庄的行政管理，更不利于村庄的发展。为壮大社区，建立完整的村镇体系，有必要对村庄进行整合。

（2）社区布局规划的原则

社区布局规划遵循"适度集聚、节约用地、利于农业生产、方便农民生活"的原则。在实际规划中，应严格根据当地的实际情况，综合考虑地形、区位、交通、发展潜力等因素，合理选择社区用地位置，实施迁村并点。靠近集镇的村庄并入镇区，交通闭塞的村庄并入交通便利的社区，规模小的村庄并入规模大的社区，大堤以内的村庄并入大堤以外的社区，发展水平低的村庄并入发展水平高的社区，少数偏远村庄保持原有建制，少数民族村庄保持原有建制。同时应遵循以下原则：①政府主导和村民自愿相结合；②规划开发与现状基础相结合；③合理布局与集中建设相结合；④政策文件和规划理论相结合。

（3）村庄整合的方法、措施和结果

对于规划中要进行搬迁的村庄，在新批土地时，应在中心集镇、中心村进行审批，实行逐步搬迁、逐步改造。水稻乡乡域的村庄现状为 16 个行政村、36 个自然村，现状建设用地 544.8hm^2，人均建设用地 177.6m^2。迁并整合后水稻乡村庄布局将形成 1 个集镇，包括孙庄社区、马头社区、杨桥社区等。至规划期末 2030 年，水稻乡人均城镇建设用地为 149.3m^2/人，人均村庄建设用地为 115.6m^2/人（其中城乡居民点建设用地 90.0m^2/人，其余为区域公用设施用地）。共节约用地 68.36hm^2。

（4）镇村职能结构

镇村职能结构分为两个级别。

第一级为集镇：开封市特色鲜明的生态集镇。开封市生态疗养基地、郊野休闲基地、绿色食品基地，是开封市旅游系统、公共服务系统的重要组成部分。

第二级为社区：孙庄社区、马头社区、杨桥社区等。

1）孙庄社区： 以传统绿色稻米种植为基础，建立绿色食品基地。

2）马头社区： 以特色农居和土地认领为主导，针对周边市民开展农村劳作体验游。

3）杨桥社区： 以花卉、果蔬种植为基础，建立花卉苗木基地和绿色果蔬基地。

（二）可借鉴经验

1）遵循以人为本和尊重自然的原则，首先考虑生态环境的保护，然后进行乡域规划。在规划乡镇的结构和功能时，同时考虑生态环境的保护以及满足和提升人们生存空间的环境质量。

2）"产业先行、一村一品"，根据每个村的实际情况打造第一产业，接着打造第二、第三产业，如双河铺村以供港蔬菜产业为主，花生庄村以西瓜和花生为主导产业。

3）协同发展目标，提升总体定位，实现水稻乡集镇区及各行政村之间的资源优化组合，并加强与其周边地区，尤其是与郑州市、开封市中心城区，以及柳园口乡、西郊乡等地区的优势互补，实现"在竞争中合作，在合作中发展"。

五、韩国釜山市

为了与国内乡村进行对标，2019 年 7 月 2～6 日，课题组一行 6 人前往韩国釜山市进行乡村建设调研活动。

（一）现状

韩国的村庄老龄化很严重，调研中走访的居昌郡某个村（包括 8 个自然村），总共有 600 余人，该村内建有一座小学（图 8-16），小学 6 个年级仅有 18 名学生，可见儿童人口比例很低。因此，该学校部分教室改造为老年人学校。

图 8-16　韩国釜山居昌郡某乡村小学

韩国的乡村河流整治非常有效，路边、村头随处可见小桥流水，河水清澈见底，芦苇、香蒲等水生植物生长繁茂（图 8-17）。然而，韩国这么好的乡村环境也不是一开始

图 8-17　韩国釜山的乡村河流

就有的。21 世纪初,韩国的乡村河流也是污水横流,河道内和岸边堆满了垃圾,经过十几年的集中整治,才有了今天的美好环境。

在韩国,生活垃圾管理的核心是垃圾分类制度。韩国的垃圾主要可分为五大类,分别为食品垃圾、一般垃圾、可回收垃圾、大型垃圾以及危险垃圾(图 8-18)。不同类别的垃圾由不同公司分别收集、运输及处理,避免不同类垃圾在收集和运输过程中重新混合,且不同类型垃圾的收费规定也不同。分类回收的垃圾便于在垃圾处理厂分别进行处理(图 8-18、图 8-19)。

1970 年韩国开始实施"新村运动",经过 20 多年的努力,韩国农村基本实现现代化,20 世纪 90 年代之后,韩国农村"回农、回村"现象增加"。1990~2009 年累计有 34 379 个家庭返回了农村地区,韩国的乡村人居环境建设已基本完成。

韩国的能源方面的先进经验见第三章第四节的总结。

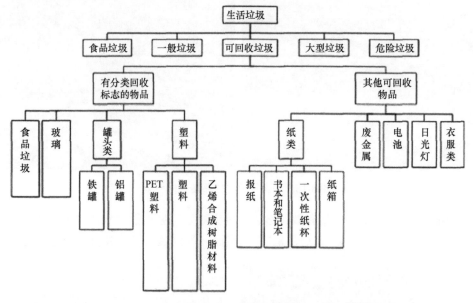

图 8-18　韩国垃圾分类图示

图 8-19　韩国垃圾分类照片

（二）调研结果分析

1）韩国的乡村人居环境建设已基本完成，我国与之相比还存在不小差距。

农村的人居环境建设分 3 个阶段，第一阶段是农村基础设施建设，如道路、供电、供水基础设施建设等；第二阶段是环境治理，包括垃圾、污水环境等的治理；第三阶段是美丽乡村建设，把农村打造成人们休闲、旅游、文化传承的地方。

图 8-20 韩国垃圾焚烧厂

图 8-21 韩国住宅太阳能的应用

　　韩国已基本完成了这 3 个阶段的建设工作。我国也遵循这 3 个阶段的发展规律，目前来看，东部农村，如上海、浙江农村已处于第三阶段；中部地区，如山东农村还处于以缓解治理为主的第二阶段；西部农村还相对落后，道路、供电、供水等的基础设施还未完全覆盖，处于第一阶段后期。综合来看，我国乡村建设大体处于第一阶段后期到第二阶段前期阶段。

　　2）借鉴韩国的经验，推进可再生能源利用。我国应对可再生能源政策的支持力度、范围、规模等进行合理论证，制定科学合理和可持续的可再生能源支持政策。设置专门的机构，加快可再生能源的推广与普及。充分利用市场优势和经济优势，积极参与世界可再生能源的开发与合作，通过加强与国际组织和跨国公司的沟通交流，推进可再生能源在农村地区的应用。

六、日本

为了进行乡村农宅建设方面的补充调研，课题组成员前往日本对新农村建设的情况进行调研，并重点调研了日本住宅体系的发展情况。在农房建造方面，日本大力推进住宅装配式建造技术，大力发展构件工业化制造，同时也大力发展新型的装配式住宅体系，为农房绿色建造和绿色施工打下坚实基础，日本在这方面值得中国学习。

（一）第一轮"新农村建设"：新农村建设构想

1955年，日本政府提出"新农村建设构想"，强调发挥农民自主性和创造性，完善农业基建设施，推动农民互助合作。这标志着第一轮"新农村建设"兴起。此轮"新农村建设"重点如下。①明确推行区域。以建立农民经营共同体为轴心，明确规定符合一定规模的农村方可入围建设计划，做到了精准定位。②成立农业振兴协议会。立足区域特色，发扬民智和民主，在新农村建设区域成立由政府、农民和地方社团共同组建的农业振兴协议会，负责制定该地区振兴规划并推动实施。③加大资金扶持。在依靠政策性支农资金和地方农民自有资金的基础上，推行最高可至40%的中央政府特殊补贴等一系列叠加补助，不断增加对新农村建设的资金扶持力度。④颁布专门法律保障。先后颁布了《农业基本法》等法律，利用政府投资、免息或低息贷款和直接补贴等多种形式支持农业农村发展，同时不断整合农村地区的金融、教育等资源，推动农业农村现代化。

（二）第二轮"新农村建设"：经济社会发展计划

1967年，日本政府提出"经济社会发展计划"，强调推动农业农村现代化，推进产业均衡发展，缩小城乡差距。这标志着日本第二轮"新农村建设"兴起。此轮"新农村建设"重点如下。①成立专门机构。新设构造改善局等机构，专门负责规划农村水利建设等工作，意在进一步完善农业农村基础设施，推动农业农村现代化水平提升。②强调生活环境改善。提出"魅力农村"目标，重视农村生态保护，翻新和改建农宅，发展农村科教文卫事业，建立农村社会保障制度，改善人居生活质量。③推动农村劳动力就地转移。先后颁布了《农村工业引进法》等法律，借助低息贷款、税收减免等优惠政策，建设农村产业园，鼓励工业转移，为农民提供就地非农就业机会，以此来抑制农民外流，提高农民收入，改善农村面貌。

（三）第三轮"新农村建设"：造村运动

20世纪70年代末，"造村运动"于日本农村诞生。在众多"造村运动"中，最具影响力的当属始于1979年的"一村一品"运动。这标志着日本第三轮"新农村建设"兴起。此轮"新农村建设"重点如下。①开发地域农特产品。重点围绕产业基地建设和地理品牌培育两个环节，以地方资源禀赋优势为核心组建产业基地，开发、推广农特产品。②增加农产品附加值。发展以农林牧渔产品及其加工品为原料的大规模、专业化工业生产，追求"短平快"发展，增加农产品附加值。③重视发挥农业协同组织（农协）作用。发挥农协经营指导职能，引导农民统一种植和饲养等标准，开展联合销售和批量买卖，提高农民市场话语权。④完善农村金融体系。以农协为核心大力发展农村合作金融，同时强化农业政策性金融支持，为农民生产经营提供免息和低息贷款。⑤注重人才培养。开办免费补习班，委派专家学者下乡讲学，定期组织学生和家庭妇女外出考察，既"造村"又"造人"。

　　日本乡村农宅的建造已基本与城市同步，在自然环境保护和人文环境营造方面的管制甚至比城市还要苛刻，呈现如下趋势：①建造企业对房屋建造质量负责，服务内容逐渐延伸，甚至涉及拆除和保险等业务，打造全产业链的服务能力；②重新回归传统营建模式，关注生活环境的可持续循环；③维护村庄自然生态环境，实现建筑与周边环境的和谐；④现代技术手段做本土化改良，减少对资源能源的消耗。

图 8-22　日本传统乡村建筑

第三节　课题组问卷调研情况

　　课题组共发放 500 余份调查问卷，问卷调查范围涵盖近 30 个省份。2018 年 9 月 20 日至 2018 年 11 月 20 日，采用线上问卷调查方式进行调研，共计收回 130 份有效问卷。调研范围为全国内 25 个省份，涵盖 100 个乡村。问卷采集到了我国乡村建设中垃圾污水处理和能源利用的一些基本情况，为后续研究提供了支撑基础。2019 年 1～2 月，利用寒假时间，同济大学发动学生进行了村镇调研，调研对象覆盖全国 22 个省 53 个地级市域内的村镇地区居民共计 198 户，调研内容从住宅硬件设施到住户居住舒适度和满意度，旨在全面、生动地了解村镇居民的内在需求，"对症下药"，改善村镇住宅安全和室内环境，为提升居民居住幸福感、创造节能舒适的村镇人居环境的具体工作提供支撑和指导。

一、乡村生活污水处理问卷分析与结论

（一）问卷统计与分析

课题组通过问卷调查的形式，对农村污水的排放方式进行了调研。调研问卷总共发放了 83 份，问卷回收率 100%。

调研的乡村中包括传统农村、乡镇及新农村社区，图 8-23 为乡村类型的分布图，其中主要为传统的农村，传统农村比例为 51.52%，占全部调研乡村的一半以上，新农村社区仅占 6.06%。

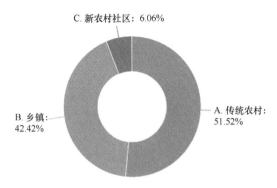

图 8-23　调研乡村的类别分布

乡村距离县城的距离决定污水收运的成本，一定程度上会影响"镇转运"的实施，因此，调查过程中，调查了乡村距县城的距离，作为分析的一个指标。图 8-24 是调研乡村距离县城的距离，从图 8-24 可以看出，大多数乡村距离县城的距离在 10km 以上，占比达 45.45%，距离为 5～10km 的乡村也有 27.27%，说明我国大部分的乡村距离县城较远，这一定程度上影响了污水收运的成本，也会对污水处理模式产生一定的影响。

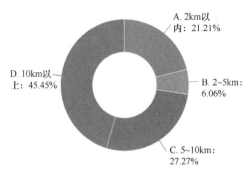

图 8-24　调研乡村距离县城的距离

图中百分数因修约，加和不等于 100%。余同

调研结果（图 8-25～图 8-27）表明，洗浴和厨房的生活污水，排入市政管道的仅 30%左右，大部分是不经处理直接排放，而厕所的粪便主要是排入化粪池和回田两种方式，排入市政管道的不足 20%。

调研结果（图 8-28～图 8-29）显示，86%的村民不需要交污水处理费，说明我国绝

大多数乡村的污水处理资金来源不包含村民个人缴纳费用。而对污水处理厂出水去向的调查结果显示，大多数村民是不清楚的。

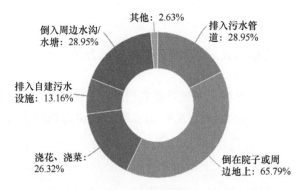

图 8-25　乡村洗菜、洗浴、洗衣废水排放方式调查

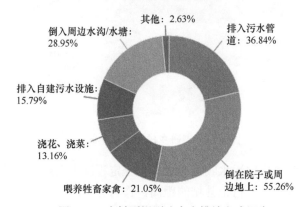

图 8-26　乡村刷锅刷碗废水排放方式调查

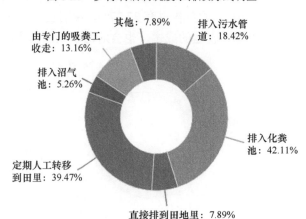

图 8-27　乡村厕所粪便排放方式调查

（二）问卷调研结论

1）乡村污水处理率 20%左右，这与课题组赴住房和城乡建设部访谈得到的乡村污水 22%的处理率基本吻合。

2）87%左右的村民个人没有缴纳污水处理费，这与课题组赴浙江调研了解到的污水处理费用目前主要由政府承担的结果一致。为减轻财政负担，需要拓宽污水处理资金筹措渠道。

3）目前，大多数村民并不清楚污水处理站出水去向，说明需要加大透明度，让村民了解污水处理情况，以利于调动村民参与治理的积极性。

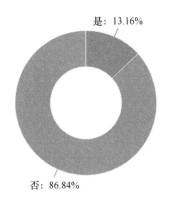

图 8-28　对乡村居民是否需要缴纳污水处理费的调查

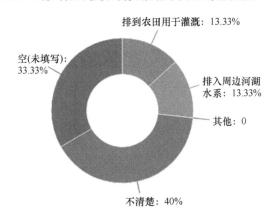

图 8-29　乡村污水处理厂出水去向

二、乡村生活垃圾治理问卷分析与结论

（一）问卷统计与分析

目前，通过问卷和实际的访谈，已调研了全国 50 个以上的乡村，研究乡村垃圾收集与处理现状，并通过分析，总结了乡村垃圾处理的主要模式和面临的主要问题。详细调研结果如下。

问卷对垃圾的处理方式进行了调查，包括填埋、焚烧、丢在路边或河道、丢在固定垃圾箱、堆肥，图 8-30 是目前乡村垃圾的主要处理方式。从图 8-30 可以看出，目前我国大多数乡村都设置了固定垃圾箱，说明一定程度上，乡村垃圾都有一定的管理介入，不再是无序状态，但是从图 8-30 也可以看出，不正规的处理方式，如填埋、焚烧和丢在路边或河道的也有较高的比例，意味着有约一半的乡村垃圾以不合理的方式进行处理。这些处理方式会对乡村环境带来危害，影响乡村居住环境。尤其值得一提的是，有约 21%的乡村存在垃圾焚烧的情况，垃圾焚烧产出的剧毒物质二噁英会给乡村环境带来巨大的危害。

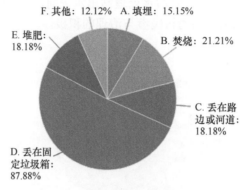

图 8-30　乡村垃圾的主要处理方式

图 8-31 是乡村垃圾收集点清运情况统计图，从图 8-31 可以看出，垃圾收集点政府定期清理率达 81.82%，另外在调研中，我们发现出于对居住环境改善的需求，有 18.18%的村民会自发清理垃圾收集点的垃圾。此外，仍有 9.09%的垃圾处于无人清理的状态。

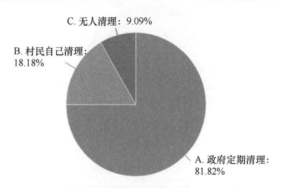

图 8-31　乡村垃圾收集点清运情况

环保宣传对于垃圾的分类和正规处理具有至关重要的意义，因此，在调研中，对垃圾处理环保宣传的普及情况进行了调研，调研的结果表明（图 8-32），仅有 45.45%的乡村经常进行垃圾处理环保宣传，有 33.34%的乡村偶尔进行环保宣传，另外有 21.21%的乡村从未有垃圾处理方面的环保宣传。这组数据说明，目前我国乡村垃圾处理方面的科

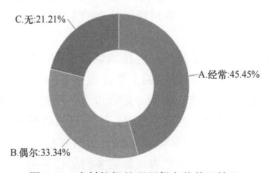

图 8-32　乡村垃圾处理环保宣传普及情况

普工作进行得还不够，这在一定程度上会影响居民对乡村垃圾投递和最终处置方式的选择。乡村垃圾处理率较高的焚烧处理方式，其部分原因在于村民对于垃圾焚烧的危害认识不足，认为焚烧后垃圾转化为无机物能够改善乡村环境和风貌，却不了解长期焚烧带来的潜在的巨大危害。因此，有必要进一步加强垃圾处理方面的环保宣传，让村民知道何种垃圾处理方式值得提倡，何种垃圾处理方式应该被禁止。

垃圾分类是垃圾减量的重要手段，也有助于后续的垃圾最终处理，调研发现，仅有3成乡村进行了垃圾分类，7成乡村的垃圾没有任何的垃圾分类措施（图8-33）。乡村居民居住较为分散，实际进行垃圾分类投放和管理比较困难，即使在城市居民集中、环保宣传较为深入的地区，垃圾的分类也很难有成效，因此可以推测，实际的垃圾分类投放率可能会更低。因此，切实可行的垃圾分类措施和宣传是乡村垃圾处理工作中应该加强的。

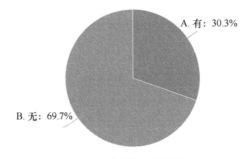

图 8-33　乡村垃圾分类情况

图 8-34 是乡村垃圾处理中，实际进行回收的垃圾种类，包括玻璃器皿、纸类、金属、塑料瓶、衣物类、其他。从图 8-34 可以看出，乡村垃圾处理过程中，可回收物的回收种类较多，其中纸类回收率达 90% 以上，塑料瓶回收率也近 80%，金属回收率约为 58%，这些是回收利用率较高的几类废物，此外，价值较低的玻璃器皿、衣物类回收率较低。说明在我国乡村，垃圾回收率有较高的水平，垃圾回收能够一定程度地补贴家用，此外，乡村存在流动收废品的商贩，这些都能促进垃圾回收。

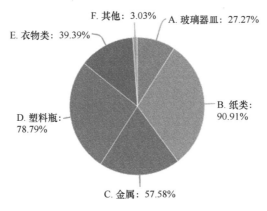

图 8-34　乡村垃圾中可回收成分的回收情况

图 8-35 是村民对乡村垃圾处理现状的评价，从图 8-35 可以看出，仅 33.33% 的村民认为乡村垃圾的处理现状好，超过一半的村民认为乡村垃圾处理现状一般，另外有

15.15%的村民认为乡村垃圾处理现状较差。通过调研可知，目前大部分村民对现在的垃圾处理现状感到不满意，村民具有改善垃圾处理现状的意愿。

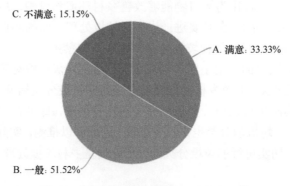

图 8-35　村民对乡村垃圾处理现状的评价

乡村垃圾处理水平的进一步提升有赖于乡村垃圾处理难点的解决，基于此，调研中调查了乡村垃圾处理的难点（图 8-36），60.61%的人认为乡村垃圾处理难点是不可回收的废塑料，其余包括可回收类（21.21%）及餐厨垃圾（18.18%），这也与城市中垃圾处理的难点相似。不可回收的废塑料不可降解，若不能正确投递到收集点，将长期存在于乡村的路边河道，甚至农田等地方。对于不能清运的地区来讲，丢弃到无人场所和焚烧似乎是唯一的处理方法，这也是许多乡村存在垃圾焚烧的原因。因此，乡村垃圾处理水平的提升有赖于不可回收的废塑料的合理处理，这也是城乡生活垃圾处理的共同难点。

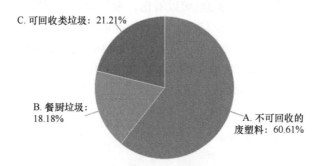

图 8-36　乡村垃圾处理难点调研

（二）结论

通过以上调研数据和分析，可以得出以下结论。

1）乡村包括传统农村、乡镇及新农村社区，主要为传统农村。

2）大部分的乡村距离县城较远，在 5km 以上，这一定程度地增加了垃圾收运的成本，也会对垃圾处理模式产生一定的影响。

3）我国乡村垃圾的主要处理方式包括填埋、焚烧、丢在路边或河道、丢在固定垃圾箱、堆肥。我国大多数乡村垃圾都有一定的管理介入，不再是无序状态，但是不合理的处理方式，如填埋、焚烧和丢弃路边或河道的也有较高的比例，占 45%左右，这意味着有近一半的乡村垃圾以不合理的方式进行处理。

4）约 21%的乡村存在垃圾焚烧的情况，垃圾焚烧产出的剧毒物质二噁英会给乡村环境带来巨大的危害。

5）目前垃圾收集点政府集中清运率达 81.82%，另外在调研中，我们发现出于对居住环境改善的需求，约有 18%的村民会自发清理垃圾收集点的垃圾。

6）调研结果表明，有一半以上的乡村很少或从未有垃圾处理方面的环保宣传。说明目前我国乡村垃圾处理方面的科普工作进行得还不够，这在一定程度上会影响居民对乡村垃圾投递和最终处置方式的选择。

7）垃圾分类的调研发现，仅有 3 成乡村进行了垃圾分类，7 成垃圾没有任何的垃圾分类措施。因此，切实可行的垃圾分类措施和宣传是乡村垃圾处理工作中应该加强的。

8）乡村垃圾中，实际进行回收的垃圾种类包括玻璃器皿、纸类、金属、塑料瓶、衣物类，其中纸类回收率达 90%以上，塑料瓶回收率也近 80%，金属回收率约为 58%，说明我国乡村垃圾回收率具有较高的水平，垃圾回收能够一定程度地补贴家用，此外，乡村存在流动收废品的商贩，这些都能促进垃圾回收。

9）调研发现，目前大部分村民对现在的垃圾处理现状感到不满意，村民具有改善垃圾处理现状的意愿。

10）60.61%的人认为乡村垃圾处理难点是不可回收的废塑料，其余包括可回收类垃圾（21.21%）及餐厨垃圾（18.18%），这也与城市中垃圾处理的难点相似。

三、能源利用调研问卷分析与结论

（一）问卷统计与分析

根据调查问卷实际情况，将调查结果进行统计分析，为调研报告的编制提供数据依据。

为了调查经济水平与乡村能源利用情况，在家庭基本情况调查中设置家庭年均收入一项。根据调研结果统计发现（图 8-37），乡村样本家庭年均收入大多为 1 万～5 万元，占样本总数的 40%，且不同经济水平下家庭的能源利用情况不同。

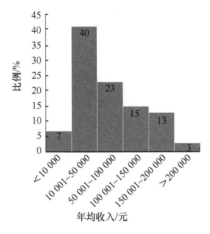

图 8-37　乡村样本家庭年均收入分布直方图

由图 8-38 可见，年均收入 1 万元以下的家庭，烧柴是家庭能源消耗的最主要方式，占 35.5%，燃煤占 26.5%，用电占 13.7%，清洁能源仅占 7.3%。年均收入 1 万~5 万的家庭，烧柴和燃煤为 29% 和 22.7%，清洁能源使用率占 16%。随着家庭经济水平的提高，烧柴比例逐渐下降，沼气、天然气、太阳能等清洁能源的使用率提高。家庭年均收入为 15 万~20 万的农户，清洁能源使用率占 40%，20 万元以上的达到 53%。由此可见，随着经济条件的改善，农户越来越倾向于对清洁能源的投入与使用。

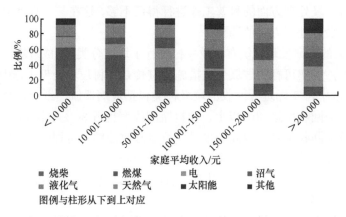

图 8-38　乡村经济水平对能源结构的影响

1）能源消耗情况调查分析。针对乡村能源消耗方式、消耗量，调查问卷设计了做饭、烧水、取暖、纳凉等的方式及其能源消耗量的问题。结果显示农户做饭方式中，用电率为 52.94%，烧柴率为 41.18%，燃煤率为 31.37%，液化气利用率为 30.39%，天然气利用率为 28.43%，沼气等新能源利用率为 0.98%。农户烧水的方式中，电热水器和太阳能热水器的利用率最高，分别为 61.76% 和 45.1%，烧柴率为 25.49%，其次天然气利用率为 9.8%，液化气利用率为 8.82%。

在取暖调研中发现，取暖方式与南北方地理差异有关，南方因为没有暖气，在能源消耗上要远远小于北方。调查结果显示，农村中 81.27% 的农户房屋建筑材料都是用的烧结普通砖，且 59.8% 的房屋建筑都没有铺设保温措施，并且 65.69% 的窗户为铝合金窗，可见保温性比较差，在冬季就需要加强取暖措施。取暖的样本中 59.81% 的农户取暖期为 3~4 个月，在北方乡村以燃煤方式取暖，占 36%，集中供暖占 20%。而相对来说南方取暖方式主要是空调和电暖器等，用电取暖占 44%，不取暖占 21%。调查中，夏季纳凉方式主要有空调、电扇和自然风，各占 1/3，32.35% 的受访者表示制冷降温时长为 2 个月。

针对耗能量，问卷中设置了煤气月均用量、月均用电量、年均用煤量的问题。结果显示，42.16% 的农户煤气月均用量小于 5kg，30.39% 的农户月均用电量在 50~100kW·h，61.76% 的农户年均用煤量小于 0.5t（图 8-39~图 8-41）。对于能量的消耗，乡村具体情况有差异。

2）能源价格情况分析。调研能源价格的结果显示（图 8-42），我国乡村生活电价基本为 0.3~0.7 元/（kW·h），全国居民生活用电平均电价约为 0.52 元/（kW·h），其中海南最高，为 0.62 元/（kW·h），青海最低，为 0.38 元/（kW·h）。调研结果说明在政府调控下，电价差异性不大。生活用煤炭的价格具有市场浮动性，但总体来看，乡村生活用煤为 480~640 元/t。说明在能源价格上，经过国家的有力调控较为稳定，全国范围内相差不大。

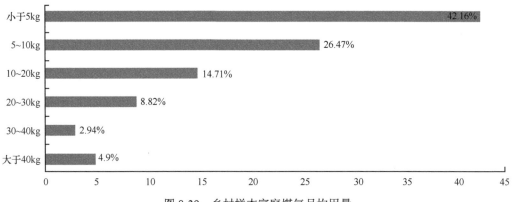

图 8-39　乡村样本家庭煤气月均用量

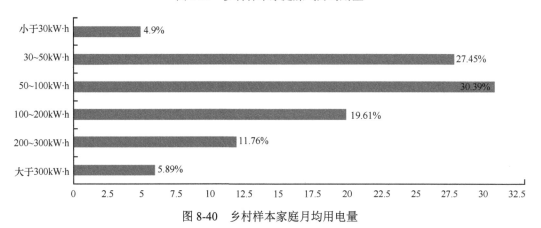

图 8-40　乡村样本家庭月均用电量

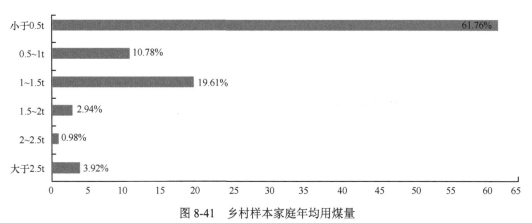

图 8-41　乡村样本家庭年均用煤量

　　3）新能源利用情况。课题组对乡村常见能源的调研情况进行统计分析（图 8-43），结果显示，在农户中较常见的新能源为太阳能，占 74.51%，天然气能达到 18.63%，地热能为 10.78%，沼气能为 13.73%，风能、生物质能则较少，分别为 3% 左右。可见太阳能的利用最为广泛，最为常见。

　　除此之外，调研结果显示约 85.29% 的人认为太阳能可在乡村广泛使用（图 8-44），沼气能约为 56.86%，风能为 36.27%，生物质能为 22.55%，地热能为 18.63%。由此可见，居民对太阳能的认可度最高。

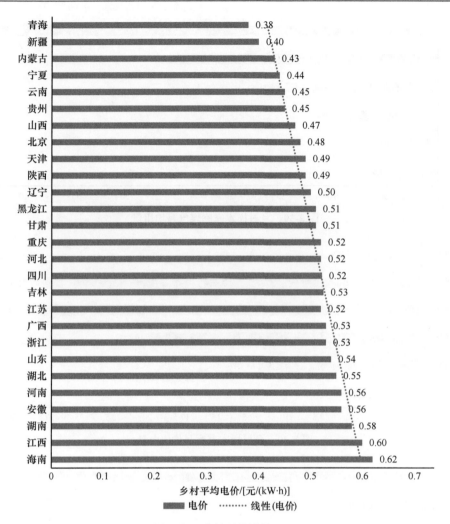

图 8-42　乡村平均电价调研

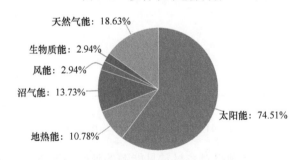

图 8-43　农户中常见新能源比例

　　通过对受访者认为乡村能源利用中存在问题的分析发现，24.9%的居民认为成本高，17.3%的居民认为受天气等气候条件影响大，20%的居民认为不方便不安全，25%的居民认为政策导向不够明确。

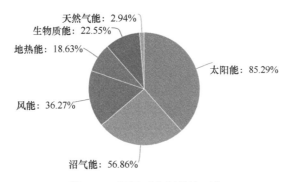

图 8-44　居民对能源的认可度

对于不愿意使用新能源的原因，32.8%的受访者认为是政策支持力度不够，补助太少；28.9%的受访者认为是技术的落实力度不够大；缺少资金的原因占 24.2%；使用不习惯占 12.7%（图 8-45）。结果可见，农户对于不使用新能源的原因，政府的支持力度是最大问题。由此可见，政府应加大对乡村能源的补贴投入和政策保障，同时还应有技术支撑，以促使新能源的进一步推广。

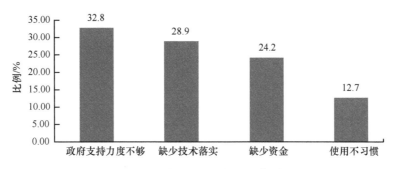

图 8-45　农户反对使用新能源的原因

（二）结论

通过对乡村能源利用现状的调研，发现我国乡村能源利用的现状如下。

1) 部分资源丰富乡村地区能源开发利用较先进，偏远落后地区能源利用不充分，资金和原料的缺乏使得新能源覆盖率较低。

2) 新能源以太阳能为主，风能、沼气能等的推广和开发利用力度不强，政策的支持引导力度不够大。

3) 技术设备不完善，能源的转化率较低，后续服务不完善。

我国的能源利用发展起步较晚。为了更好地提高乡村生活品质、保护生态环境、节约资源，迫切需要完善以下几点。

1) 广泛宣传、加强引导，提高居民对新能源的利用意识。

2) 加强对科技的投入与资金的支持，对能源发展进行整体统筹规划，保证技术到位，完善后续服务工作。

3) 加大对乡村能源利用的资金补贴，加大惠民利民力度，完善能源利用的相关政策法规，保证政策的统一性、协调性、配套性。

四、村镇建设调研问卷分析与结论

（一）对调研问卷结果进行表观分析

调研得到的村镇现状和对新建住宅的要求和意向汇总，分别为选择题、评分题和频率题，总样本量 $N=176$。

对于住宅环境来说，每个村镇住宅平均包含 3.94 个卧室、住 4.34 人，住宅面积大于 150m^2 的占比达 45.5%，且基本在三层及以内（97.2%）。结构类型以砖混结构和钢筋混凝土结构为主，分别占 54.5% 和 33.0%，其余结构包括石、土坯、砖木等。村镇住宅基本没有保温隔热处理（81.8%），如加厚墙体、增加保温层等。现有结构花费主要集中在 5 万～10 万元（27.3%）和 10 万～20 万元（22.7%）。住宅建设者方面，施工队参与建设的住宅仅占 44.9%。供暖措施使用方面，虽然调研时正值深冬，但村镇住宅内的供暖措施使用频率很低，常用占比最高的火炕也仅占 22.7%，且主要集中在东北地区使用。村镇能源结构方面，除了用电普及率达 86.4% 以外，其余能源常用占比均低于 36%，用能体系不统一。近五年的新建可能性较低，仅 20% 有可能考虑新建（分值≥3）。

对于消费者特性来说，家庭层面，年收入主要集中在 10 万元以下（73.4%），收入来源包括打工的家庭占 58.0%，包括种植的占 39.8%。个人层面，在住宅新建中起决策作用的多为男性，约占 3/5（62.5%）。对于环保意识，"愿意为环保而改变生活习惯"和"认为个人行为能对环保事业做出贡献"的认同程度均值分别为 3.97 和 3.83（3 代表中立，4 代表赞同），处于较高水平，然而"愿意为环保支付更多费用"的认同程度仅为 3.26。

对于舒适度，整体感受微凉、微干和微透（热、湿和通风舒适度均值为 3.06、3.57 和 4.77），且倾向更暖、更湿和更通透（热、湿和通风倾向均值 1.48、1.89 和 1.90）。对于满意度，均值最低的三项依次是温度（3.21）、湿度（3.32）和空气清洁度（3.57）。对住宅新建中的各因素按重要性打分，均值最高的五项依次是成本（4.63）、耐久（4.45）、外观（4.18）、防潮（4.16）、保温隔热（4.07）。

对于新建意向来说，新建结构体系的选择更倾向于混凝土（可能性均值 3.74）。

（二）结论

1. 农宅自建的建设者会影响村镇家庭对可接受成本或工期的选择

一方面，建设者是家庭成员的住户，即自建房家庭，更倾向延长工期。回归结果显示，自建房家庭比非自建房家庭在与短工期相比时更倾向于选择中等工期，说明村镇自建房建设由于缺乏专业知识而耗时更久。此外根据已有研究，自建房还存在施工质量差、安全无保障、供暖和卫生设施有限等问题，对居民生活造成影响。另一方面，建设者是专业施工队的住户，更倾向提高成本。根据回归结果，采用施工队建设的家庭更倾向于在选择低成本和中等成本间选择高者，说明村镇家庭认为施工队建设往往意味着成本的提高。尽管施工队施工能够较自建提供更高的安全保障和更齐全的基础设施，但其在村镇地区普及率并不高，调研中未雇佣施工队的住房建设占总体的一半以上（55.1%），而造成该现象的其中一个原因就是部分村镇家庭不愿意或是没有能力接受更高的成本。因此，在村镇发展的进程中，如何降低施工队成本，使专业化施工普及化，是需要重点关注的问题。

2. 可接受成本受收入和支出的影响，但存在边际效益递减的现象

边际效益递减是指在其他生产要素保持不变时，随单一生产要素的逐渐增加，输出的增量将会减少的现象。在成本不超过中等水平时（＜2000元/m²），随着人均生活消费支出的增加，村镇家庭倾向选择的成本也会增加，但超出该水平后不再显著。此外，在收入方面，家庭年收入低（＜5万元）的家庭更倾向于选择低成本方式，但并没有显示年收入高（＞20万元）的家庭更倾向于选择高成本方式。因此，总体而言，中等成本已基本能够实现村镇家庭对住宅的基本需求，并不会继续随着收入或支出增长而再显著增大住房建设投入，即边际效益递减规律显著。

与此同时，可接受工期还受家庭成员构成影响，其中老年人的数量与工期要求水平呈负相关。随着常住老年人数量的增加，村镇家庭更倾向于选择较短的工期，对此可能有两个方面影响。一方面，老年人社会活动少、社交圈小，离开熟悉的环境会造成日常生活和人际交流的不适应和孤独感。另一方面，老年人担心重新安置所带来生活条件的改变会导致生活成本的提高。总而言之，老年人不愿在别处做过多停留，因此希望新建住宅能够拥有较短工期。

此外，不同收入来源的家庭的可接受工期也不同。其中，收入来源包括养殖的家庭更倾向于选择较长的工期，主要原因之一是农村家庭的养殖场所大多与其住宅毗邻，新建住宅也势必包括养殖地的翻修和重建，因此需要花费更长的时间。

3. 对房屋结构的选择

在几类对村镇而言的新型房屋结构体系中，仅钢结构表现出对可接受成本或工期的显著影响，但是村镇居民选择其作为新建结构的倾向较低。原因体现在两个方面。①村镇居民认为钢结构成本较高，尽管他们认为钢结构具有工期短的特点。根据回归结果，随着对钢结构选择倾向性的增加，村镇居民更倾向于提高成本并选择短工期。②住户选择体系时存在路径依赖性。路径依赖性是指给定条件下人们的决策选择受制于其过去的决策，尽管存在新的更优的选择，也很可能延续过去的决策。根据描述性结果，砖混结构和混凝土住宅占据了村镇总体的87.6%，而钢结构并未在村镇地区大量推广。由于路径依赖性的存在，村镇居民在新建结构体系的选择上会避免新型结构的选择而更倾向熟悉的结构。但是，随着钢材逐渐向低成本、高效、清洁发展，并且因为装配式钢结构的推广能进一步减少原材料的消耗（Aye *et al.*，2012），钢结构进村镇拥有足够的可行性，可以通过宣传使村镇居民对钢结构住宅有更全面的了解，再来讨论其选择倾向。

主要参考文献

布野修司. 2011. 世界住居. 胡惠琴, 译. 北京: 中国建筑工业出版社.

曹婉婉. 2016. 浙东地区新型乡村住宅建筑生态设计. 西安: 西安建筑科技大学硕士学位论文.

陈丽莉. 2014. 当代建筑师的中国乡村建设实践研究. 北京: 北京建筑大学硕士学位论文.

陈燕霞. 2012. 广州市农村生活污水治理探讨. 广州: 华南理工大学硕士学位论文.

范彬, 武洁玮, 刘超. 2009. 美国和日本乡村污水治理的组织管理与启示. 中国给水排水, 10: 6-14.

郭杰忠, 黎康. 2006. 关于社会主义新农村建设的理论研究综述. 江西社会科学, (6): 217-225.

国家统计局. 2008. 统计上划分城乡的规定(国函〔2008〕60 号批复). http://www.stats.gov.cn/tjsj/pcsj/rkpc/6rp/html/fu11.htm_[2021-8-5].

韩赟聪. 2018. 模块化低层装配式住宅设计研究. 济南: 山东建筑大学硕士学位论文.

贺龙. 2017. 乡村自主建造模式的现代重构. 天津: 天津大学博士学位论文.

贺勇, 孙炜玮, 马灵燕. 2011. 乡村建造, 作为一种观念与方法. 建筑学报, (4): 19.

黄艳. 2019. 农村民居实用抗震技术研究展望. 防灾科技学院学报, 21(1): 16-22.

肯江·托呼提, 亓国庆, 陈汉清. 2008. 新疆南疆地区传统土坯房屋震害及抗震技术措施. 工业建筑, (S1): 189-193.

李立. 2007. 乡村聚落: 形成、发展与演变. 南京: 东南大学出版社.

李希希. 2015. 重庆地区农村分散型生活污水处理现状及其技术适宜性研究. 重庆: 西南大学硕士学位论文.

梁漱溟. 2011. 乡村建设理论. 上海: 上海人民出版社: 24.

林永锦. 2005. 村镇住宅体系化设计与建造技术初探. 上海: 同济大学硕士学位论文.

林梓锋. 2017. 广州地区新农村住宅的空间优化设计研究. 广州: 广州大学硕士学位论文.

临朐住建. 2019. 中国工程院院士肖绪文一行莅临我县考察指导新型乡村建设工作. https://mp.weixin.qq.com/s/SZlI7ekZt2FQThOPysyTfg [2019-4-19].

刘二鹏. 2019. 肖绪文院士带队来我厅开展住建系统实施乡村振兴战略工作调研. http://zjt.shandong.gov.cn/art/2019/4/28/art_5853_6465276.html [2019-4-28].

刘彦晔. 2017. 城乡一体化背景下农村生活垃圾治理的研究: 以德清县为例. 西安: 西北大学硕士学位论文.

刘瑛. 2018. 地域文化视角下乡村建筑风貌控制思路研究. 乡村科技, (7): 125-126.

鲁道夫斯基. 1997. 没有建筑师的建筑. 林宪德, 译. 台北: 大佳出版社.

魅力五井. 2019. 中国工程院调研组到五井镇调研新型乡村建设情况. https://mp.weixin.qq.com/s/s7jq8rtfCUNb-BlLOfRNrw [2019-4-18].

诺伯特·肖瑙尔. 2012. 住宅6000年. 董献利, 王海舟, 孙红雨, 译. 北京: 中国人民大学出版社.

潘华, 崔琪, 霍俊芳. 2016. 乡村绿色建筑适宜技术与材料探讨. 砖瓦, (3): 53-58.

裴大学. 2018. 乡村建筑的适宜性设计策略研究. 武汉: 湖北美术学院硕士学位论文.

平松守彦. 1985. 一村一品运动. 王翊, 译. 上海: 上海翻译出版公司.

普拉卜特. 2007. 宅形与文化. 常青, 徐菁, 李颖春等, 译. 北京: 中国建筑工业出版社: 2-3.

清华大学建筑节能研究中心. 2016. 中国建筑节能年度发展研究报告 2016. 北京: 中国建筑工业出版社.

邱彦昭. 2016. 北京市农村污水处理设施现状调研及运营管理措施研究. 北京: 北京化工大学硕士学位论文.

山东省房地产业协会. 2019. 肖绪文院士带队来我厅开展住建系统实施乡村振兴战略工作调研. https://mp.weixin.qq.com/s/3Zn88k7eQNjyafg6X-tJOg [2019-5-7].

汤海孺, 柳上晓. 2013. 面向操作的乡村规划管理研究. 城市规划, (3): 60.

王冬. 2013. 族群、社群与乡村聚落营造: 以云南少数民族村落为例. 北京: 中国建筑工业出版社: 154.

王瑞琦. 2017. 建构视角下当代乡村建筑设计策略研究. 大连: 大连理工大学硕士学位论文.

王瑛, 史培军. 2005. 中国农村地震灾害特点及减灾对策. 自然灾害学报, 14(1): 82-89.

温铁军. 2012. 中国新农村建设报告. 福州: 海峡出版发行集团福建人民出版社: 2.

沃尔特·克里斯塔勒. 2010. 德国南部中心地原理. 常正文, 王兴中, 等, 译. 北京: 商务印书馆.

武玉艳. 2014. 谢英俊的乡村建筑营造原理、方法和技术研究. 西安: 西安建筑科技大学硕士学位论文.

肖侬. 2011. 城乡统筹发展中的农村建设: 国外经验与启示. 武汉: 华中师范大学硕士学位论文.

徐素, 程遥. 2017. 乡城互补的城乡统筹发展模式探索: 以遵义市为例. 见: 中国城市规划学会. 持续发展 理性规划: 2017中国城市规划年会论文集. 北京: 中国建筑工业出版社.

亚历山大·楚尼斯, 利亚纳·勒费夫尔. 2007. 批判性地域主义: 全球化世界中的建筑及其特性. 王丙辰, 译. 北京: 中国建筑工业出版社: 83.

颜文涛, 卢江林. 2018. 赋权视角下的乡村社区生态规划: 主体特征、实施路径和关键策略. 西部人居环境学刊, 33(1): 20-25.

杨犇, 栾峰, 张引. 2018. 提质、共融: 大都市近郊乡村振兴的产业经济策略——以乌鲁木齐北部乡村地区为例. 西部人居环境学刊, 33(1): 13-19.

杨贵庆. 2019a. 城乡共构视角下的乡村振兴多元路径探索. 规划师, 35(11): 5-10.

杨贵庆. 2019b. 乡村振兴视角下村庄规划工作的若干思考: 《关于统筹推进村庄规划工作的意见》再读. 小城镇建设, 37(4): 85-88.

杨贵庆. 2019c. 新乡土建造: 一个浙江黄岩传统村落的空间蝶变. 时代建筑, (1): 20-27.

杨静. 2015. 农村新民居模块化设计研究. 郑州: 郑州大学硕士学位论文.

杨宇环. 2012. 城市化进程下的农宅特征与建造体系演变初探: 以赣中、川东地区个案展开. 重庆: 重庆大学硕士学位论文.

游猎, 陈晨. 2008. 农村人居空间 "精明收缩" 的实践探索: 以Q市全域农村新型社区总体规划实施为例. 城市规划, 42(4): 113-118.

于晓彤. 2017. 当代建筑师的中国乡土营建实践研究. 南京: 南京大学硕士学位论文.

臧珊, 栾峰. 2016. 人口回流与新型发展要素嵌入: 对传统欠发达中部乡村地区新发展现象的思索. 上海城市规划, (4): 17-21.

张建, 赵之枫. 2010. 新农村建设村庄规划设计. 北京: 中国建筑工业出版狂.

张乐伟. 2016. 农村生活垃圾收集与处理问题分析及策略研究. 天津: 天津商业大学硕士学位论文.

张明帅. 2018. 乡村装配式住宅发展的优势与影响因素研究. 西安: 西安建筑科技大学硕士学位论文.

张引, 栾峰, 邹海燕. 2018. 以乡村慢道建设为抓手的大都市乡村腹地全域旅游发展策略: 以常州天宁区为例. 上海城市规划, (6): 38-44.

张志强, 张燕. 2019. 肖绪文院士带领课题组来我市开展乡村建设调研. https://mp.weixin.qq.com/s/h7vb-lMlsH6y8t2p1DkFzTw [2019-4-19].

赵民, 陈晨, 周晔, 等. 2016. 论城乡关系的历史演进及我国先发地区的政策选择: 对苏州城乡一体化实践的研究. 城市规划学刊, (6): 22-30.

中建技术中心. 2018. 中国工程院重点咨询研究项目 "新型乡村建设战略与推进策略研究" 课题组肖绪文院士一行赴住建部村镇司调研. https://mp.weixin.qq.com/s/rtyRaqG9jkjjlfb9U6Gr5A [2018-11-28].

中建技术中心. 2019. 中国工程院重大咨询研究项目 "新型乡村建设战略与推进策略研究" 课题组肖绪文院士一行赴山东省调研考察乡村振兴工作. https://mp.weixin.qq.com/s/3RFgRie0VMy2VSEeGQ-SEgw [2019-4-29].

中央党校访德代表团. 2006. 德国土地整理和乡村革新的经验及其启示. 科学社会主义, (1): 112-114.

周莉. 2012. 大连农村污水处理现状调研与治理研究. 大连: 大连理工大学硕士学位论文.

周锐波, 甄永平, 李郇. 2011. 广东省村庄规划编制实施机制研究: 基于公共治理的分析视角. 规划师, 27(10): 76-80.

住房和城乡建设部. 2013. 农村居住建筑节能设计标准(GB/T 50824—2013). 北京: 中国建筑工业出版社.

住房和城乡建设部. 2018. 2017 中国城乡建设统计年鉴. 北京: 中国统计出版社.

邹蓉. 2013. 湖南农村生活污水现状、问题与治理研究. 长沙: 湖南农业大学硕士学位论文.

武内哲夫. 1975. 地域開発の功罪と農村振興の前提(農業振興と地域開発). 農業と経済, 41(10): 23-29.

Brenner N. 2014. Implosions/Explosions: towards a study of planetary urbanization. Berlin: Jovis.

Cherry G E, Rogers A W. 1996. Rural change and planning: England and Wales in the twentieth century. London: Routledge Press.

Pretterhofer H, Spath D, Vöckler K. 2010. Land: rurbanismus oder leben im postruralen raum. Graz: HDA-Haus der Architektur.